史学入门

掌握史学基本理论方法
提升历史学科核心素养

王西明 著

山东城市出版传媒集团·济南出版社

图书在版编目(CIP)数据

史学入门 / 王西明著. —济南:济南出版社,
2022.10
　　ISBN 978 - 7 - 5488 - 5254 - 4

　　Ⅰ.①史…　Ⅱ.①王…　Ⅲ.①中学历史课—高中—教
学参考资料　Ⅳ.①G634.513

　　中国版本图书馆 CIP 数据核字(2022)第 205032 号

史 学 入 门
SHIXUE RUMEN

出 版 人	田俊林
责任编辑	班　经
装帧设计	曹晶晶
出版发行	济南出版社
地　　址	济南市市中区二环南路 1 号(250002)
编辑热线	0531 - 86131713
发行热线	0531 - 67817923　86922073
印　　刷	济南新科印务有限公司
成品尺寸	170mm × 240mm　16 开
版　　次	2022 年 10 月第 1 版
印　　次	2023 年 8 月第 1 次印刷
书　　号	ISBN 978 - 7 - 5488 - 5254 - 4
印　　张	10.75
字　　数	132 千字
定　　价	45.00 元

(济南版图书,如有印装错误,请与出版社联系调换。联系电话:0531 - 86131736)

前 言

　　《普通高中历史课程标准(2017年版2020年修订)》(以下称新高中历史课程标准)是当前及今后一段时期内普通高中历史课程改革的指导性文件。与以往相比,新高中历史课程标准在课程结构、内容及呈现方式方面有较大变化。就课程结构而言,分为必修、选择性必修、选修三类;就内容及呈现方式而言,一是必修课程设置"中外历史纲要"模块,以通史叙事框架呈现;二是选择性必修课程设置"国家制度与社会治理""经济与社会生活""文化交流与传播"三个模块,以专题形式呈现;三是选修课程对学生提出了更高的学科专业要求,提供"史学入门""史料研读"两个模块作为校本课程的参考。

　　2019年起,根据新课程标准编写的高中历史新教材陆续开始在全国一些省份使用。在日常教学的过程中,广大一线教师逐渐认识到,要更好地发展高中学生的历史学科核心素养,尤其是对于那些有志于选择历史专业与渴望进一步深造的学生而言,仅仅学习必修和选择性必修课程是不够的,还需要进行史学理论、方法、技能等方面的学习和探究。因此,从满足学生进一步学习、提高及促进专业发展的实际需要出发,根据新高中历史课程标准的规定,研发相应读物,显得尤为重要。本书正是在这种情况下编写的。

本书与其他同类型读物相比,主要有以下特点:

一、阅读对象涵盖高中师生。本书是为满足高中学生进一步发展历史学科核心素养而写,旨在培育学生专业兴趣,开拓专业视野,提高专业认识,增进专业技能。同时,也能为高中历史教师教学提供有益经验借鉴,为他们培养与提升学生历史学科核心素养提供帮助。当然,本书也适合具有中等文化程度及以上的读者阅读和参考。

二、结构、体例和内容基本按照新高中历史课程标准的相关要求、规定进行设计和编写。新高中历史课程标准规定,选修课程"史学入门"模块由7个专题组成,这7个专题分别是"历史和历史学""唯物史观与历史研究""史学的优秀传统""读史常识举要""历史探究的主要方法""历史的解释与评判""综合探究:历史问题的研究与论文写作"。除第七专题考虑到实践性较强等因素暂未编写,其余6个专题分设六章,均严格依据新高中历史课程标准的内容要求编写。虽然第七专题暂未编写,但附录了笔者撰写的一篇论文,供大家参考。

三、尽量做到通俗易懂。本书较多涉及历史学的基本理论知识,包括概念、原理等。因此在编写过程中,笔者广泛搜集各种资料,精心研读,并结合新高中历史课程标准要求和高中学生阅读习惯,认真锤炼语言,做到了既能说明问题,又具有较强的可读性、适读性。

虽然笔者已尽到最大努力,但鉴于水平有限,本书仍有不足之处,恳请各位读者提出宝贵意见,以利修订时完善。

目 录

第一章 历史和历史学

有了人，就有了人的历史。历史是指过去发生的事情，是客观存在，不会因任何人的否定而改变。广义的历史是指客观世界运动发展的过程。狭义的历史是指人类社会发生、发展的过程，也就是人类社会史。

有了历史，不一定就有历史学。历史学是在人类文明发展到一定程度，且当社会出现重大变动时才产生的。中国和古希腊是最早产生历史学的国度。历史学是在一定历史观指导下叙述和阐释人类历史进程及规律的学科。随着时代的发展，历史学也在不断发展。

历史学以历史为认识对象，是一门以历史事实为出发点、综合性与整体性都很强的人文学科，具有科学性、综合性、现实性等特征。

历史学是一切人文社会科学的基础。历史学研究的对象包罗万象，历史学的发展推动了人文科学新派系的出现和发展，如人类学、社会学、宗教学、考古学、民族学、文化学等。

通过本章的学习，我们要理解"历史"这一概念的内涵，认识客观存在的历史与被记述的历史之间的联系与区别；理解历史学是研究人类历史发展进程及其规律的学科，是在一定历史观指导下对历史的叙述和阐释；认识历史学是人类文化的重要组成部分；理解历史学所具有的科学属性和社会功能。

第一节
历史和历史学的区分

在生活中,我们频频使用着"历史"这一词汇,但如果要严谨科学地描述"什么是历史",很少有人能做到。近代以来,仅西方学术界对"历史"的定义就达数十种甚至上百种。人们在日常交流时常常会将"历史"与"历史学"两词通用或混用,致使"历史"和"历史学"界限模糊。所以,我们有必要厘清"历史"与"历史学"的概念。

一、什么是"历史"

(一)"历史"一词的由来

要弄清楚什么是"历史",首先要知道"历史"一词的由来。

"历史"一词源于希腊语"ἱστορέω(historéō)",意思是"通过研究来学习"。虽然"历史"这一词汇最早源自古希腊,但西方人对"历史"的理解却一直存在分歧。比如,"历史"有时被用来指客观发生的一连串事件的发展过程,有时被用来指代作为一门学科的历史学。另外,德语中的"Geschichte",意思是"(发生的)事件",也含有"历史"的意思。

"历""史"二字在我国古代出现得很早，可见于甲骨文，且是分开使用的。在甲骨文中，"历"字的上部是"秝"，表示禾苗稀疏合宜，下部是"止"，即一只脚，上下连起来表示人穿过田禾间。汉代许慎在《说文解字》中这样记述"历"："历，过也，传也。"这里强调的是"动"，既指空间的移动，也指时间的流动，可以理解为"发生过了"。我国古代没有"历史"这一词汇，表示历史的意义一般只用"史"字。《说文解字》中这样记述"史"："史，记事者也，从又持中。中，正也。"由此，我们可以知道"史"最早指记录统治者言行的人。"左史记言，右史记事"，记录者主要是为政治服务，即通过对统治者言行记录的褒贬持中，令社会达到和谐。

中国在近代才开始使用"历史"这一词汇。在东方，最早使用"历史"一词的是日本。日本明治维新后，首次用"历史"来翻译"historéō"。中国近代一些较早游历日本的学者又将"历史"这一概念引入中国。梁启超在《变法通议·论女学》中写道："日本之女学，约分十三科……五历史……"文中，梁启超将"历史"作为一个学科来介绍。此后，"历史"这一词汇在中国开始使用并流行开来。

弄清楚了"历史"一词的由来，我们再来探究什么是"历史"。

（二）"历史"一词的两个含义

尽管近代以来学术界对"历史"的定义多种多样，并没有形成统一的说法，但就其内容而言，包括两个方面：一是指过去发生的事情，二是指对过去发生的事情的陈述或记忆。前者就是我们所说的严格意义上的历史，是客观存在的历史；后者是被记述的历史，强调的是对历史的认识，严格来说是历史学。对于客观存在的历史，马克思、恩格斯是这样论述的："历史可以从两方面来考察，可以把它划分为自然史和人类史。但这两方面是不可分割的；只要有人存在，自然史与人类史就彼此相互制约。自然史，即所谓自然科学，我们在这里不谈；我们需要深入研究的是人类史……"① 也就是说，客观存在的历史，有广义和狭义之分。从广义上看，历史是指客观世界运动发展的过程，又可划分为自然史和人类社会史；从狭义上看，历史是指人类社会发生、发展的过程，也就是人类社会史。我们平时主要是从狭义的角度使用"历史"一词。历史是各个世代的依次交替，是人类创造活动的过程，这种创造活动是人类"在直接碰到的、既定的、从过去继承下来的条件下创造"② 的过程。历史是指过去发生的事情，是客观存在，不会因任何人的否定而改变。

（三）历史的特点

历史是指一切事物的发展过程。一般而言，仅指人类社会的发展历程，是过去客观存在的社会现象及其发展过程。李大钊说："历史这样东西，是人类生活的行程。"

历史具有客观性。历史是客观存在的，不以人的主观意志为转移，不论人们如何叙述历史，都不能"虚无"历史，要用事实和史实说话，还原历史真实。历史学家的使命就是科学地揭示客观存在的历史发展进程及其规律。

历史还具有过去性和不可重复性。历史是过去发生的事情，具有唯一性，不会简单重复。

二、什么是历史学

（一）历史学的概念

历史学也叫史学，是对于历史的专门性研究，是在一定历史观指导下叙述和阐释人类历史进程及规律的学科。历史学是人类对以往的历史

---

① 中共中央马克思恩格斯列宁斯大林著作编译局编译：《马克思恩格斯选集》（第一卷），北京：人民出版社，1995 年，第 66 页。

② 中共中央马克思恩格斯列宁斯大林著作编译局编译：《马克思恩格斯选集》（第一卷），北京：人民出版社，1995 年，第 585 页。

进程及规律的认识，随着时代的发展，人们对其认识也在不断深化。

　　自从有了人，就有了人的历史，但并不是有了历史，就有了历史学。历史学的产生是需要一定条件的。"能产生史学的文化一定是以人道为本。那就是说：它承认人类历史是人类自己用自由的意志，经过理智的考虑，而后创造出来的。因此一切结果都应自负责任，其动机与影响才有供人研究之价值。这种研究便是史学。用这个标准来衡量古代文化，实只有东方的中国同西方的希腊才有史学。"① 这就是说，必须在承认人的意志和人的理智思考这一前提下，历史学才能够产生。只有在人的理智思考下，把以往的史料进行精准考证、系统整理、变成活用的知识，并在人们阅读后能够形成一定历史认识和史观，才可称之为"历史学"。古埃及、古巴比伦曾留下许多文字记录，但这些文字记录通常只被认为是当时一些民族的历史记录，而不是历史学，因为这些记录都是以超自然的神道为主，而不以人道为本。

　　最早的历史学诞生在人类"轴心时代"的中国和古希腊，但中国与古希腊并不是有了文字就有了历史学。通常来说，只有当自身文化发展到一定程度并且出现重大社会变动，人们在极力探索世变之由时，历史学才得以产生。历史学一经产生，必将随着社会的演进而不断发展。接下来，我们分别来叙述中国史学与西方史学的发展历程。

（二）中国史学的产生与发展

　　在中国，甲骨文被认定是已发现的古代文字中年代最早、体系较为完整的文字，但甲骨文只能被当作史料，而非历史学。有人认为，孔子编订《春秋》是中国史学产生的标志；也有人认为，《国语》是我国第一部历史学著作，也是世界上第一部历史学著作。但无论是以哪一部著作为准，可以确定的是中国史学产生于春秋战国时期。

---

　　① 于沛：《20世纪中华学术经典文库》，载沈刚伯《史学与世变》，兰州：兰州大学出版社，2000年，第467页。

　　春秋战国时期是我国历史上的一个大动荡、大变革时期。这一时期，井田制瓦解，土地私有制逐步形成；周王室逐渐衰微，宗法分封制遭到破坏；群雄并起，争霸战争不断；官府垄断教育的局面被打破，学术下移，出现了诸子百家积极为现实政治著书立说的"百家争鸣"局面。《春秋》一书就是在这样的时代背景下产生的。它记录的是人的历史，这与孔子"未能事人，焉能事鬼"的重人事、敬天命的思想相一致，也体现出孔子运用发展变化的观点观察社会。中国史学在这样关注人道、关注社会的时代背景下产生，并随着时代的变迁不断发展。

　　战国至秦汉时期，无论是史学体裁还是史学考订，都取得了很大进步，出现了一批历史著作。史家"据事直书、冒死以赴"的史学正气也在这个时期得到彰显。这一阶段的史学发展以汉代司马谈、司马迁父子的《史记》为代表。《史记》是对先秦史学的总结，同时也创制了本纪、世家、列传、表、书等史书体例，形成了一套系统的历史编纂方法，为后世史学开辟了道路，奠定了基础。

　　魏晋南北朝时期是我国历史上的一个大分裂、大动荡时期，史学在这一时期呈现出大发展局面。各种史书类型先后创立，史学著作大量涌现，如《后汉书》《三国志》《宋书》《南齐书》《魏书》等。此外，还出现了几十种别史，如记录帝王言行的起居注等。这一时期，人物传记也多达上百种。

　　隋唐两朝十分重视修史。隋文帝曾下令禁止民间私撰国史，使修撰国史成为政府的专属行为。唐朝确立了官修史书的制度，任命了大批名臣兼任史官职位，如魏征、房玄龄、褚遂良等。唐太宗李世民也曾亲自组织修撰史书。因此，隋唐时期出现了大批史书著作。我们熟知的《晋书》《梁书》《陈书》《北齐书》《周书》《隋书》《南史》《北史》《旧唐书》等正史均出自这一时期，数量超过"二十四史"的三分之一。另外，唐朝有两位史学家对史学发展做出了重要贡献，一位是杜佑，一位是刘知幾。杜佑的《通典》是一部关于典章制度的史学巨著，开创了史学编纂的新体裁，为我国史学发展开辟了新途径，开创了中国史学史的先河。刘知幾的《史通》，批判了史学界存在的弊端，深入研究了作史方法、修史才能与技巧等，提出了编写史书的一些基本原则，如"良史以实录直书为贵"。《史通》是中国史学理论、史学评论的开山之作，标志着中国史学发展进入新阶段。

在经历了唐朝后期的藩镇割据、五代十国的政权林立后，宋朝统治者因亟须从历史中总结经验教训，服务现实政治，所以重视修史工作。史学在宋代得到迅速发展，超过以往任何时代。北宋司马光主持编著的《资治通鉴》，是我国历史上最有价值的史学著作之一。另外，在史学发展史上，宋代郑樵的《通志》也非常具有代表性。郑樵反对断代史，主张通史，尤其是他要求扩充史学研究范围与增加史学门类的观点，是史学学术思想上的一大进步。

明清史学是对中国传统史学的总结与嬗变，以清代史学大家章学诚为代表。针对以往史学遇到的难题——著成的史籍或者史料太多而不成体例，或者史书成体例但史料不完备，章学诚提出：应把史料和史籍加以区分，将储备史料称为记注，将作史称为撰述；记注一定要翔实完备，要完整保存，撰述则需要提要钩玄，方便别人阅读；只有史料完整齐备，著述时才有确实依据，才能做到大胆取舍，而被舍弃的史料也不会丢失，仍可作为史料单独存放，为后人提供研史素材。也就是说，在后人阅读了这部史籍后，即使对作者的观点有不同的见解，也可以根据这些详备的史料另论与重著。章学诚主张将史料与史籍区分的观点，是对中国史学的一大贡献。但由于受时代所限，当时的科技水平还不足以支撑他的史学研究，所以他的史学与现代史学仍有一步之遥。

近代中国面临列强的侵略，为挽救民族危机，知识分子向西方寻求探索救国救民之道，进而影响了我国史学的研究与发展，并先后出现了资产阶级史学和马克思主义史学。

中国近代史学受到西方思想的巨大影响，康有为、梁启超、章炳麟、孙中山等引进西方资产阶级的历史观和治史方法，"新史学"在中国兴起。19世纪末20世纪初，出现了以康有为、梁启超为代表的资产阶级改良派史学和以章炳麟为代表的资产阶级革命派史学。民国时期，"新史学"得到较大发展，出现了胡适、王国维、顾颉刚、吕思勉、陈寅恪、钱穆等一批史学大家。

李大钊是把马克思主义引进我国史学研究领域的第一人。1919年，他在《新青年》上发表《我的马克思主义观》一文，既系统地介绍了马克思主义理论，同时也宣传了马克思主义史学。李大钊在北京大学等高校开设了"唯物史观研究""史学要论""史学思想史"课程，同时撰写了一些史学论文和著作，阐释了唯物史观的基本原理，说明了唯物史观对于史学和人生的重要意义。在《史学要论》一书中，李大钊认为，唯物史观指导下的史学，能够帮助人们建立起进步的世界观和积极的人生观和价值观。20世纪20年代，蔡和森撰写的《社会进化史》，是中国历史上第一部运用唯物史观写成的社会发展史著作。

20世纪三四十年代，马克思主义史学在我国得到大发展，通史、社会史、思想史成果显著，涌现出郭沫若、范文澜、翦伯赞、吕振羽、侯外庐等马克思主义史学大家。郭沫若于20世纪30年代出版的《中国古代社会研究》，是第一部用马克思主义理论系统论述中国历史发展进程的史学著作。20世纪40年代，郭沫若又出版了《青铜时代》《金文丛考》等史学著作，对中国马克思主义史学发展做出了重大贡献。这一时期，其他著名的马克思主义史学著作还有范文澜的《中国通史简编》、翦伯赞的《中国史纲》、吕振羽的《中国政治思想史》《中国社会史诸问题》《简明中国通史》、侯外庐的《中国古代思想学说史》《中国近世思想学说史》《中国思想通史》《中国古代社会史》、邓初民的《社会进化史纲》《中国社会史教程》等。在这些著作中，他们没有按传统历史学的纪传或编年体例编著史书，而是运用马克思主义社会发展规律学说研究中国历史，按照社会发展阶段进行章节叙述，可以说是中国史学史发展上的一个里程碑。

中华人民共和国成立后，马克思主义史学进入了深入发展时期。伴随《马克思恩格斯全集》《列宁全集》《斯大林全集》等的翻译出版与《毛泽东选集》的出版，全国掀起了学习马克思主义理论的热潮，马克思主义成为我国史学研究的指导思想。

改革开放以来，在唯物史观的指导下，在不断吸收与借鉴世界史学研究的有益成果下，我国史学研究出现空前繁荣的局面，进入了研究发展的最好时期。

（三）西方史学的产生与发展

从公元前 5 世纪到公元前 1 世纪，西方先后出现了希罗多德、修昔底德、波利比奥斯等著名的历史学家。在他们看来，历史是纯属人类和现世的，写成的历史不应含有任何有关来自神的影响或意志的暗示。希罗多德所言的历史，更多指的是史料；修昔底德追求史料的翔实；波利比奥斯则认为历史是有用的学问，具有教育功用。需要指出的是，西方史学更偏重于政治史与政治教育。

但是随着基督教的兴起，西方史学逐渐失去了世俗观念和历史准确性，开始带有宗教和神学的色彩与意义。

14 至 15 世纪，欧洲资本主义萌芽产生并得到发展。随着文艺复兴运动的兴起和新航路的开辟，"人"的作用被重视，史学也日渐回归世俗。

16 世纪初期，在马基雅维利和圭奇阿尔狄尼为代表的史学家的努力下，西方史学著作又回归了世俗标准。到了 18 世纪，在休谟、伏尔泰、罗伯逊、康德、黑格尔等人的努力下，西方史学完成了重新世俗化，其研究范围也得到扩展。

在法国大革命的影响下，19 世纪西方民族精神觉醒，这种民族精神深深影响了历史学家对历史的解释，使欧洲各国历史研究和历史著作带有明显的民族主义和爱国主义色彩。19 世纪上半叶，德国历史学家兰克决心要按历史本来面貌来叙述历史。他认为，要用历史事实来说话，要严格审查原始资料并只叙述得到充分证据支持的历史事件。他的这些治史宗旨和治史方法在当时产生了重要影响，被视为科学历史编纂学的开端。

19世纪中叶，更多的历史学家意识到并试图将历史学变成一门具有科学性的学问。总体来说，近代西方历史学在19世纪得到了长足发展，出现了众多史学流派，史学思想日益深化，研究方法不断更新。但需要指出的是，虽然近代西方历史学家努力在使历史学向自然科学看齐，也为此曾做了不少有益探索，但最终都因缺乏正确历史观的指导，没能将历史学建成一门真正的科学。直到马克思主义史学诞生，科学的历史学才得以产生。

马克思、恩格斯所生活的时期，欧洲各国相继完成了资产阶级革命或改革，工业革命促进了资本主义迅猛发展，资产阶级与无产阶级的矛盾上升为主要矛盾，无产阶级迫切需要用科学历史观认识社会并进行斗争。马克思、恩格斯经过深刻的剖析与调查，完成了大量研究性文章或著作，如《关于费尔巴哈的提纲》《德意志意识形态》《哲学的贫困》《共产党宣言》《1848年至1850年的法兰西阶级斗争》《法兰西内战》《德国的革命与反革命》《德国的农民战争》《社会主义从空想到科学的发展》等。这些研究性文章或著作的问世和唯物史观的创立，标志着马克思主义史学即科学史学的诞生。唯物史观承认历史的客观存在性，同时认为历史也是历史学家对客观存在的历史事件的主观认识，强调只有通过对史料有效鉴别，人们才可以"再现"历史的真实，进而逐渐逼近客观存在的历史事实，并揭示历史发展的规律和趋势。

第二节
历史学的性质与功能

一、历史学的性质

历史学以历史为认识对象，是一门以历史事实为出发点、综合性和整体性都很强的人文科学，具有科学性、现实性、综合性等特征。

（一）科学性

历史学具有科学性，是因为它的研究对象具有客观性和真实性。历史学所研究的历史现象、历史事件和历史人物等对象，都是客观存在，不因研究者的主观认识而改变。历史学之所以具有科学性，是因其揭示的是世界各民族、国家的历史发展的特点，研究的是人类社会历史发展的规律。

在历史上，一些西方史学家强调历史事实的局限性和历史解释的重要性，认为历史学是历史学家主观思想的反映。他们认为，历史学的本质就是把实际发生的事件转换成以意念和文字形式存在的历史的过程和方法，实际发生的历史事件会因时因人而不同，所以无法再现真实的历史。这无疑过分夸大了历史学家在编纂历史过程中的主观因素，否定了历史学的客观性和科学性，从而走向了怀疑主义和相对主义，甚至走向了历史虚无主义。

马克思主义史学承认历史事件的客观存在性，认为历史学是历史学家对客观存在的历史的主观认识；承认历史学中的解释成分是存在的，也是不可避免的，但这与历史学的客观性并不矛盾；强调只有不断改进研究方法，提供更多的科学技术支撑，尽最大可能地占有史料，用史实说话，才能逐渐接近客观存在的历史事实；认为历史研究要坚持唯物史观，要在马克思主义的理论、方法指导下进行，这样的研究才能具有鲜明的科学性，也才能充分发挥历史学的社会功能，从而更好地促进历史学的自身发展；认为研究结论必须建立在确实、可靠、丰富的史料基础之上，不能主观臆断与凭空捏造。

从一个历史结论如何得出的过程来看，也可见历史学的科学性。历史学研究要秉持"孤证不立"的原则。历史研究者在探究一个历史主题或研究一个历史问题时，要尽可能多途径地搜集、占有更多的史料。在此基础上，要辨别史料的真伪，经过多种形式的史料相互印证，再通过运用逻辑推理，最终得出相对可靠而合理的结论。我们所熟知的考古发掘，更是要运用并结合碳－14测年技术及地质学、动物学、植物学等多学科交叉融合的现代科学技术手段，这也充分说明了历史学具有科学性。

（二）现实性

历史学具有现实性，是因为人类的认识总是随着社会的发展与时代的变迁而不断深化。历史学既是社会发展的产物，也会随着现实的需要不断向前发展。

历史学的现实性突出表现在为现实服务上，"为人类所从事的现实提供包括生产方式、社会形态、政治结构、社会关系以及军事的、经济的、文化的等等的历史根据，使人们在现实的创造活动中，尽量避免盲目性，不断提高自觉性"①。历史学是一门具有很强的目的性的学科，史学家著史往往带有明显的现实目的。孟子云"孔子成《春秋》而乱臣贼子惧"；司马光主持编著《资治通鉴》时强调"专取关国家盛衰，系生民休戚，善可为法，恶可为戒者"；龚自珍指出"欲知大道，必先为史"……这些都充分体现了历史学具有非常强烈的为现实服务的性质。

（三）综合性

历史学具有综合性，我们可以从它研究的对象上来理解。当今科学一般研究的是某一领域，或是某一视角，研究对象比较单一，历史学叙述的却是整个人类社会进程的历史，探索的是各种历史现象之间的复杂联系。历史学的研究领域包含自然科学与社会科学，涉及了数学、物理、生物、化学、地理、哲学、文学、艺术、人类学等。从这个意义上看，历史学是一门基础科学，因为无论哪一学科，如果不了解其自身的发展历史，就不能真正理解本学科的内涵与意义，更不能为本学科的发展方向做出科学预判。

二、历史学的功能

历史学研究的对象非常广泛，用"包罗万象"这个词来形容毫不为过，这就决定了历史学的功能也极其广泛、丰富和多样化。历史学研究对历史学自身的学科发展，对国家、民族的发展，对人的培养，对文化的传承等都起着独特的、不可替代的作用。

一些现代学者简洁而全面地道出了历史的功能。他们说："历史学的学术价值在于求真，社会价值在于致用……历史学的功用是'寓致用于求真之中'。"② 历史学不仅具有推动自身发展的学术功能，还具有更

---

① 万利生：《对历史学社会功能的认识与评价》，《湖北师范学院学报》1986 年第 4 期。

② 李永福，郑先兴：《历史学的功用及其在当代的发展趋向》，《安徽史学》2003 年第 4 期。

多的推动人类现实社会发展的社会功能。接下来，我们重点来谈谈历史学的社会功能。历史学的社会功能主要包括以下几个方面：

（一）认识功能

谈及历史学的社会功能，首先要提到历史学的认识功能，认识功能是历史学一切社会功能的基础。黑格尔曾说："我们之所以是我们，乃是由于我们有历史。"[①] 历史学的认识功能主要表现为：历史学能够揭示历史真相，探寻历史奥秘，从而为我们认识现实提供历史依据；历史学能够提供认识历史和现实的理论和方法，使我们能用辩证的、历史的、发展的眼光去观察事物、思考问题与解决问题。

（二）资政功能

"前世之鉴，后事之师。"历史学的社会功能突出表现在为统治者服务的"资政"功能上，古今中外，概莫能外。

我国第一部编年体史书《春秋》，就是孔子面对当时"礼崩乐坏"的社会局面，在想要重建社会秩序的情况下整理编订的；汉高祖刘邦曾下令陆贾专论"秦之所以失天下，吾所以得之者何"，从而为治国提供借鉴；司马迁撰《史记》，他在《太史公序》中明确指出"究天人之际，通古今之变"，其目的就是要从历史中努力寻求政权兴衰、社会变动的原因，为汉政权提供借鉴；唐代名臣魏征等撰《隋书》，并在给唐太宗的上书中称"'殷鉴不远，在夏后之世。'臣愿当今之动静，以隋为鉴，则存亡治乱可得而知"；北宋司马光更是明确地提出了编著《资治通鉴》的任务与目的就是"资政"。他在《进〈资治通鉴〉表》中劝谏宋神宗"时赐省览，鉴前世之兴衰，考当今之得失，嘉善矜恶，取是舍非，足以懋稽古之盛德，跻无前之至治"。

---

① [德]黑格尔：《哲学史演讲录》（第一卷），贺麟、王太庆译，北京：商务印书馆，1983年，第7—8页。

　　中国近代史学的资政功能也非常明显。梁启超在《新史学·史学之界说》中说"历史者，叙述人群进化之现象而求得公理公例者也""使后人循其理率其例以增幸福于无疆也"。梁启超在这里是用进化论观点来论述历史学研究为现实服务的宗旨和意义。清末民初，民主主义革命家章炳麟强调历史学有"启迪民智"的重要作用，指出历史学是"国学"，具有民族主义意义，并为革命派进行革命活动制造舆论，这也突出体现了历史学的资政功能。历代史学家在修史时会明确两大任务：一是整理记录，寻找事物本来的面目，寻找事实与真相；二是在解释记录中找到事实间的理法，从而最大限度地服务现实政治。

　　马克思主义史学也同样重视总结历史的经验教训，科学揭示社会发展规律，进而科学指导社会实践。

　　在西方，古代史学家也把总结前人的经验教训、服务后人作为修史的目的。希罗多德在撰写《希波战争史》时，开篇就说明著书的目的：是为了保存人类所达到的那些伟大成就，使之不致因为年代久远而湮没不彰；是为了使希腊人和异邦人的那些可歌可泣的丰功伟绩不致失去其应有的光彩；特别是为了要把他们之间发生战争的原因记载下来，以永垂后世。[①] 这明确指出了历史学指导社会实践的资政功能。修昔底德认为，"了解过去所发生的事件"对了解"将来也会发生的类似的事件"是有益处的。英国历史学家弗里曼更是将历史看作政治事件的记录，认为"历史就是过去的政治，政治就是当前的历史"。

（三）育人功能

　　历史学在育人方面有其特殊的优势，具有不可替代的育人功能。

　　学史可以使人明白事理。"欲知大道，必先为史""历史使人明智"。历史学从人类发展进程的必然性出发，多维度地解释各种现象，注重揭示事件与事件之间的联系，注重考察事件在整体进程中的地位和作用，

---

① 郭圣铭：《西方史学史概要》，上海：上海人民出版社，1983年，第17页。

注重分析事件发生的内在机理，因此，学好历史能使人明白事理，并能对自己的学习、工作和生活产生积极影响，使人终身受益。唯物史观的创立，使历史学研究有了科学的理论指导。我们运用唯物史观学习和研究历史，能够科学地分析、评价、判断历史现象，进而提高我们的认知水平、能力水平。

学史可以陶冶人的情操。清代王夫之在《读通鉴论》中指出"读史者鉴之，可以知治，可以知德，可以知学"，梁启超认为史学是"国民之明镜也，爱国心之源泉也"。历史学的积极认识成果在陶冶和升华人类精神品格方面具有重要的价值。古往今来，无数仁人志士、英雄人物的豪情壮志、动人事迹、不朽精神激励着后人踏着他们的足迹继续前进。历史学在明辨是非、陶冶情操、振奋精神、增强民族自豪感、凝聚力和历史责任感等方面具有不可替代的教育功能。

（四）文化传承功能

历史学记录和总结了历史上人类创造的一切物质和精神文明成果，由此决定了历史学理所当然地具有传承文化的社会功能。无论是哲学、社会科学、文学艺术，还是自然科学和技术科学的发展和创新，都离不开历史的积累和传承。历史学宝库中储存着人类认识和改造世界的过程中积累的一切知识成果，是人类智慧发展的源泉。

（五）经济功能

历史学具有认识功能、资政功能、育人功能、文化传承功能，这些一般容易被理解和接受。可是，要说历史学能创造经济价值，也许有些人就会产生疑问：历史学如何创造经济价值？如果把历史与影视、文旅、考古等相联系，你就可以理解它是如何创造经济价值的了。

鉴宝类栏目带"火"了古玩市场，为我国经济发展注入了新活力；大量古装影视剧的拍摄与播出，推动了影视业的发展；知识讲坛类栏目拉近了人文社科尤其是史学与百姓的关系；文化研学类栏目的开播，更是带"火"了文旅产业……

改革开放以来，我国经济迅猛腾飞，人民生活发生巨变，人民对精神文化的需求也日益提高。百姓出游之处很多都与历史有关，如历史文化名城、历史文化遗迹等。

正是因为历史学具有上述社会功能，所以人类永远需要历史学，永远需要学习和研究历史。

三、历史学与人类文化

历史学是人类最古老的学科之一，具有悠久的文化传统，与人类文化关系密切，影响广泛而深刻。

历史学的发展史，是政治史、经济史、文化史、社会史等学科的综合与统一。历史学的发展需要借助其他学科的力量来推动，同时历史学的发展也带动了其他各学科的发展。就历史研究的范围而言，所有学科都是历史的学科。

历史学是一切人文社会科学的基础。没有历史学知识作为根基，没有历史学提供的丰富研究成果，没有唯物史观做理论指导，哲学、政治、法学、文学、经济学、教育学等学科的发展会显得基础不牢。

历史学的发展，不断推动人文科学新派系的出现和延展。例如，人类学、社会学、宗教学、考古学、民族学、文化学等。在历史学发展进程中，一些自然科学也得到了发展。例如，历史上剧烈的地壳运动、土壤的变化会对人类活动产生重大影响，此时历史学的研究就需要以地质学做支撑，地质学随之得以发展。再如，历史上重大气候变化会影响人类活动，历史研究就要借助现代化新技术手段寻找原因，这就推动了气候学、化学等学科的进步。另外，历史学的研究也要借助计量学、计算机科学等相关的现代科研手段和装备来推进，这也在客观上推动了这些学科的发展。所以，历史学是一门综合性很强的学科，也是一门实用性很强的学科，这就决定了我们学习历史学的重要性。

第二章
唯物史观与历史研究

　　历史虽然是过去的事实，但学习、研究历史却要立足当下，面向未来。要想全面、准确地解读与认识历史，提高历史的认识层次和水平，科学的历史观必不可少。唯物史观是唯一科学的历史观。19世纪中叶，在工业革命的推动下，资本主义迅速发展，资本主义社会的基本矛盾充分暴露出来。马克思、恩格斯在系统分析资本主义社会发展的基础上，批判继承德国古典哲学等思想成果，提出了唯物史观。唯物史观对社会发展的一般规律、社会存在与社会意识的辩证关系、人民群众在历史发展中的作用和地位、阶级斗争等问题进行了系统、科学的阐述，从而使历史研究发生了根本性的变革。

　　通过对本章的学习，我们要知道历史观对于史学研究和史学发展的重要性；知道唯物史观的基本观点及认识历史的基本原则；理解唯物史观是科学的历史观，对历史研究具有重要意义；尝试运用唯物史观的观点对历史问题进行分析和解释。

第一节
唯物史观的诞生

历史观又称"社会历史观",是人们对历史发展的整体性、根本性认识,主要指人们对人与社会的起源、社会历史发展规律与性质的理论性的概括。历史观是世界观的重要组成部分,是历史学的核心理论问题。历史观从根本上影响着我们对历史的认识立场、层次与水平。"究天人之际,通古今之变,成一家之言",这是汉代史学家司马迁撰写《史记》时的宗旨,它深刻揭示了历史研究的目的,即探寻史实背后的本质和规律,总结经验教训,服务现实。唐代的刘知幾在谈论史家素养时曾提出"史才""史学""史识"(即"史家三长")的理论,其中,"史识"是指研究历史必须有一定的见识,这是在强调历史观的重要性。

清代的乾嘉学派专注于史料的搜集、整理和辨伪,其治学态度可谓严谨踏实、一丝不苟。他们在搜集、整理和保存古代文化典籍,以及推进实证史学研究等方面做出了重大贡献,但梁启超却批评其"知有陈迹而不知有今务"。他们没有在对史料的搜集、考证的基础上对重大历史事件做出科学、合理的解释,其研究的话题基本已经与当时的社会现实完全脱节,致使历史失去了"鉴古而知今"的功效。乾嘉学派的局限性固然受到清代封建专制下文化高压政策的影响，但从另外一个侧面也反映出历史观对历史研究的重要性。

通常来说，历史观分为两种，即唯物史观和唯心史观。在唯物史观诞生前，由于受当时社会生产力发展水平的限制，唯心史观盛行。唯心史观夸大精神的力量，忽视物质生产及劳动者在历史发展中的作用，认为社会发展是由主观意识决定的。正因如此，历史就变成了帝王将相史、才子佳人史，人民群众的作用被抹杀了，而"英雄造时势""成者王侯败者贼"等说法层出不穷。

唯心史观不重视人民群众的作用，就难以从人民群众那里汲取丰厚的智慧。只关注人们历史活动的思想动机，而不深究其原因，自然也就发现不了社会发展的客观规律。唯物史观在本质上与唯心史观截然不同，它是揭示人类社会历史客观基础及发展规律的科学历史观和方法论。唯物史观的创立者是马克思和恩格斯。

唯物史观又称历史唯物主义，与历史唯心主义相对，是马克思主义哲学的重要组成部分，是关于人类社会发展一般规律的理论，也是人类迄今为止唯一科学的历史观。关于唯物史观的创立时间，可上溯至1845年。这一年，马克思先后创作了《关于费尔巴哈的提纲》和《德意志意识形态》（与恩格斯合著）等。在这些著作中，马克思、恩格斯系统阐明了社会存在决定社会意识、社会变革源于生产力与生产关系的矛盾等一系列原理，标志着唯物史观的诞生。从此，人类探究历史、认识社会的能力发生了革命性变化，史学研究也由此开始了一场伟大的革命。

那么，这场革命的起爆原点在哪里呢？我们还得回到马克思和恩格斯生活的那个时代。19世纪上半叶，工业革命正如火如荼地在欧洲大地上进行。历史学家对这一时期的评价正如英国作家狄更斯在小说《双城记》中所言"这是最好的时代，也是最坏的时代"。一方面，机器大生产带来了社会生产力的巨大飞跃，创造出前所未有的社会财富；另一方面，社会财富主要集中在少数资本家手里，上流社会灯红酒绿，而劳苦大众则在温饱线上苦苦挣扎。尖锐的社会矛盾终于以资本主义经济危机和工人运动的形式爆发出来。面对种种社会问题，马克思与恩格斯进行了孜孜不倦的探索。

与众多理论家不同，马克思和恩格斯把他们的探索场所放到了广阔的社会中。他们经常深入工厂，深入到人民群众之中，倾听群众的呼声。在进行社会实践的同时，马克思、恩格斯还流连于图书馆，不断批判和吸收前人的理论成果。1841 年，马克思在担任《莱茵报》主编期间，就"物质利益"问题同黑格尔派进行论战，并于 1843 年发表《黑格尔法哲学批判》。马克思对黑格尔的哲学思想进行了批判与继承，从而使自己的思想得到充实与发展。德国著名哲学家费尔巴哈的哲学思想也为马克思的探索提供了理论借鉴。1845 年，马克思写成了《关于费尔巴哈的提纲》，对费尔巴哈为代表的旧唯物主义思想进行了辩证批判，提出了科学实践观。这部著作同《德意志意识形态》一起，被视为唯物史观诞生的标志。

唯物史观诞生后，马克思和恩格斯继续进行深入研究，使唯物史观的思想理论随着社会实践的发展而不断丰富。

1848 年，马克思、恩格斯在《共产党宣言》中系统地阐释了唯物史观的相关理论，充分利用生产力和生产关系原理来分析资本主义的发展情况，指出资产阶级是资本主义生产和交换的产物，从生产力发展的角度充分肯定了资本主义的历史贡献；运用生产力和生产关系的辩证关系理论及阶级斗争理论，分析人类社会尤其是资本主义社会的发展，得出资本主义必然灭亡、社会主义必然胜利（即"两个必然"）的结论。

《共产党宣言》发表后，马克思和恩格斯结合东方社会的发展状况及国际无产阶级斗争的新变化，不断发展、完善他们的理论和观点。马克思、恩格斯还深入研究了俄国、印度的社会发展状况，进一步发展了唯物史观。1861 年，俄国进行了农奴制改革，这场改革极大推动了俄国社会生产力的发展，但改革进行得并不彻底，社会矛盾依旧重重。围绕着俄国革命道路问题，俄国国内各种思想流派展开激烈的辩论。马克思非常关注这场辩论，他在给俄国思想家查苏利奇的回信中，创造性地提出了跨越"卡夫丁峡谷"理论，提出了俄国可以跨越资本主义直接进入共产主义的主张。这是唯物史观中社会形态发展理论的一大进步。

1894 年，恩格斯发表了《论俄国的社会问题》一文。在文中，恩格斯通过对俄国社会形势的分析，用唯物史观的原理阐释了他对俄国革命发展道路的认识，并明确指出，俄国要进行革命，首先要推翻沙皇专制统治。这一理论对后来俄国的二月革命和十月革命产生了重要影响。

19 世纪末，在马克思主义的传播过程中，出现了对马克思主义的片面理解和教条阐释，一些人将唯物史观简单化、庸俗化。对此，恩格斯在答保尔·恩斯特的信中明确指出："如果不把唯物主义方法当作研究历史的指南，而把它当作现成的公式，按照它来剪裁各种历史事实，那么它就会转变为自己的对立物。"[1] 还有一些人对唯物史观不求甚解，对具体问题不加深究，盲目地将唯物史观视为"经济决定论"。1890 年，恩格斯在致康德拉·施米特的信中说："对德国的许多青年作家来说，'唯物主义的'这个词只是一个套语，他们把这个套语当作标签贴到各种事物上去，再不做进一步的研究，就是说，他们一把这个标签贴上去，就以为问题已经解决了。但是我们的历史观首先是进行研究工作的指南，并不是按照黑格尔学派的方式构造体系的方法。必须重新研究全部历史，必须详细研究各种社会形态的存在条件，然后设法从这些条件中找出相应的政治、私法、美学、哲学、宗教等等的观点。在这方面，到现在为止只做出了很少的一点成绩，因为只有很少的人认真地这样做过。"[2] 可见，针对一些人对唯物史观的片面理解和教条阐释，恩格斯在晚年进行了猛烈的批判和斗争。而在斗争中，唯物史观得以继续丰富和发展。

---

[1] 中共中央马克思恩格斯列宁斯大林著作编译局编译：《马克思恩格斯全集》（第二十二卷），北京：人民出版社，1965 年，第 94 页。

[2] 中共中央马克思恩格斯列宁斯大林著作编译局编译：《马克思恩格斯全集》（第三十七卷），北京：人民出版社，1971 年，第 432—433 页。

第二节
唯物史观的主要内容

　　唯物史观认为社会发展进步的终极原因不在人们的头脑中，而是在生产力和生产关系的冲突中。无论是社会关系还是国家关系，无论是文化制度还是法律制度，都应该从相应时代的物质生活条件中去理解，而社会历史的发展变化是有规律的，会呈现出由低到高的不同社会形态。在此理论基础上，又衍生出历史的创造者、动力、规律以及史学功用等一系列基本问题。唯物史观是一个系统而博大的理论体系。

一、关于社会发展的一般规律

　　唯物史观的一个重要内容就是对社会发展规律的认识，如同达尔文发现生物界的进化规律一样，马克思发现了人类社会发展演变的规律。

　　关于人类社会的发展演变，长期以来有种种说法。神学家们认为，自然和社会的一切都是由"神"安排的，"神"主导并推动了社会的发展。主观唯心主义者认为社会的发展进步是英雄和帝王努力的成果，人民群众不过是消极、被动和盲目的追随者。在近代社会，资产阶级曾以"人性论"作为反封建的理论武器，高举"人文主义"旗帜，以"人性"

来说明社会现象，从"人性"中导出社会规律。在启蒙运动中，启蒙思想家甚至提出了"理性"统治世界、"理性"支配世界的主张。从"神性"到"人性"，再到"理性"，人们孜孜不倦地寻求着社会发展的规律，对社会的认识也在不断进步，然而其方向是错误的，也就决定了他们不可能找到社会发展的根本规律。马克思在对前人的思想进行批判继承的基础上提出了自己的理论。

（一） 物质资料的生产是社会发展的基础

1883 年，恩格斯曾这样评价马克思的理论成果："马克思发现了人类历史的发展规律，即历来为繁芜丛杂的意识形态所掩盖着的一个简单事实：人们首先必须吃、喝、住、穿，然后才能从事政治、科学、艺术、宗教等等；所以，直接的物质的生活资料的生产，从而一个民族或一个时代的一定的经济发展阶段，便构成基础，人们的国家设施、法的观点、艺术以至宗教观念，就是从这个基础上发展起来的，因而，也必须由这个基础来解释，而不是像过去那样做得相反。"① 1890 年，恩格斯在《致约·布洛赫》一文中写道："……根据唯物史观，历史过程中的决定性因素归根到底是现实生活的生产和再生产。无论马克思或我都从来没有肯定过比这更多的东西。"②

这些说明，马克思和恩格斯已经认识到物质资料的生产是人类社会发展的前提。的确，人类只有先解决吃、喝、住、穿的问题，然后才能进行其他活动。毕竟，能够生活是能够创造历史的前提。人类漫长的发展进化史也充分说明了这一点。现在已知最早的人类诞生于 200 多万年前，但从人类起源到距今 10 000 年前，人类的发展变化并不是很大。后来，磨制石器取代打制石器，原始农业产生，人类社会才有了突飞猛进

---

① 中共中央马克思恩格斯列宁斯大林著作编译局编译：《马克思恩格斯选集》（第三卷），北京：人民出版社，1995 年，第 776 页。

② 中共中央马克思恩格斯列宁斯大林著作编译局编译：《马克思恩格斯选集》（第四卷），北京：人民出版社，1995 年，第 695—696 页。

的发展。距今约 5 000 年前，生活在大江大河流域的人们逐渐迈入了文明社会的门槛。

（二）生产力与生产关系的辩证关系

在物质生产的过程中，必然会形成一定的生产方式，这包括生产力和生产关系两个方面。生产力是人类凭借和应用劳动资料作用于劳动对象时所发生的生产物质资料的能力，它由劳动对象、劳动资料（主要是生产工具）和劳动者三个要素组成，其中，生产工具和技术是生产力发展水平的突出标志。值得注意的是，马克思认为生产力中也包括科学。"科学技术是生产力"这一观点的提出，对历史的发展产生了深远的影响。

在《德意志意识形态》一书中，马克思和恩格斯首次提出了生产关系这一概念。生产关系具体指人们在物质资料的生产过程中所形成的社会关系，包括生产资料所有制的形式、人们在生产中的地位和相互关系、产品分配等，其中，生产资料所有制的形式是最基本的，是起决定作用的。

马克思认为："人们在发展其生产力时，即在生活时，也发展着一定的相互关系；这些关系的性质必然随着这些生产力的改变和发展而改变。"[1] 这就意味着，生产力决定生产关系，生产力的性质决定着生产关系的性质，生产力发展必然引起生产关系的变革。

生产关系并非消极被动地适应生产力的发展，它对生产力具有能动作用。生产关系是否适应生产力的状况，会对生产力的发展起着促进或阻碍作用。马克思在阐释这条经典理论时，曾做出过这样的精彩描述："社会的物质生产力发展到一定阶段，便同它们一直在其中活动的现存生产关系或财产关系（这只是生产关系的法律用语）发生矛盾。于是这

---

[1] 中共中央马克思恩格斯列宁斯大林著作编译局编译：《马克思恩格斯选集》（第四卷），北京：人民出版社，1995 年，第 536 页。

些关系便由生产力的发展形式变成生产力的桎梏。那时社会革命的时代就到来了。"① 所以说，生产力与生产关系之间的矛盾运动，推动着社会革命或改革运动的发生，推动着人类社会的不断发展。

夏、商、周三代是我国的奴隶社会时期，井田制则是商周时期的主要土地制度，其表现为土地由各级贵族实际占有，奴隶及平民在井田上集体耕作。春秋战国时期，随着铁器、牛耕的出现，生产力获得了极大的发展，井田制逐渐走向瓦解，新兴地主阶级开始出现。在新兴地主阶级的推动下，各诸侯国相继进行变法，承认土地私有，封建的土地剥削方式也随之确立，我国便由奴隶社会过渡到封建社会。

19 世纪末 20 世纪初，第二次工业革命极大地推动了资本主义生产力的发展。资本主义国家仍然奉行自由放任的政策，使生产过剩不断加剧。1929 年，人类历史上空前严重的经济大危机爆发了。在经济危机影响下，以美国为代表的资本主义国家开始对生产关系进行调整，开辟了国家干预经济的新模式。与此同时，当时唯一的社会主义国家——苏联也在进行着经济体制的探索。"战时共产主义"政策践行了马克思所提出的计划经济体制，但忽视了俄国生产力落后的现实，挫伤了农民生产积极性，造成了经济困难、社会动荡的局面。危急关头，以列宁为首的布尔什维克党从俄国落后的生产力发展水平出发，对生产关系进行调整，实行"新经济政策"，利用市场和商品货币关系发展经济，从而使经济得到恢复和发展，苏维埃政权得以巩固。列宁逝世后，斯大林不顾苏联社会生产力发展落后的实际，通过强硬手段确立了计划经济体制。尽管使苏联在较短时间内实现了工业化，但是也造成了农民、工人的生产积极性低等一系列严重问题，而这些问题迟迟得不到根本纠正和解决，严重影响了苏联的发展。

1978 年，中国共产党召开了新中国成立以来党的历史上具有深远意

---

① 中共中央马克思恩格斯列宁斯大林著作编译局编译：《马克思恩格斯选集》（第二卷），北京：人民出版社，1995 年，第 32—33 页。

义的十一届三中全会。此后，以邓小平为代表的中国共产党人，将马克思主义普遍原理与中国社会主义初级阶段的具体国情相结合，对不适应生产力发展的生产关系进行调整，实行改革开放，成功地开辟出了中国特色社会主义道路。到 2010 年，中国已成为仅次于美国的世界第二大经济体，中国的改革开放取得了举世瞩目的成就。

在研究生产力与生产关系的辩证关系时，我们也应该注意，生产力是生产方式中最活跃的因素，始终处于不断的发展变化中。生产关系则是相对稳定的因素，一经产生和确定，可以在一定的时期内保持稳定，可以在一定的限度内容纳不同程度的生产力。正如马克思《〈政治经济学批判〉序言》说，"无论哪一个社会形态，在它所能容纳的全部生产力发挥出来以前，是决不会灭亡的；而新的更高的生产关系，在它的物质存在条件在旧社会的胎胞里成熟以前，是决不会出现的"①，这也就科学地解释了为什么 20 世纪以来，社会主义和资本主义两种社会制度能够长期共存。但是生产关系的稳定是相对的，当生产力发展到不能被生产关系所容纳时，生产关系就会发生变化，最终发生变革。所以，社会主义取代资本主义是历史发展的必然。

运用生产力和生产关系的辩证关系原理来考察人类社会的发展演变，很多困惑迎刃而解。我们运用这一原理解读历史和现实，能够真正把握人类社会发展的客观规律，并为我们今天的改革和发展提供依据与动力。

（三）经济基础与上层建筑的辩证关系

经济基础即社会的经济结构，是指一定社会中各种生产关系的总和。上层建筑是指建立在一定经济基础之上的政治法律制度和社会意识形态，包括观念上层建筑和实体上层建筑。实体上层建筑主要指军队、警察、法庭、监狱、政府部门、党派等，国家政权是其中的核心。观念上层建

---

① 中共中央马克思恩格斯列宁斯大林著作编译局编译：《马克思恩格斯选集》（第二卷），北京：人民出版社，1995 年，第 33 页。

筑包括政治法律思想、道德、文学、艺术、哲学、美学、宗教等。

经济基础决定上层建筑。经济基础的性质决定上层建筑的性质，经济基础的发展必然导致上层建筑的变化。春秋战国时期，随着封建土地私有制的逐步确立，"千耦其耘"的集体耕作被男耕女织、自给自足的个体农耕所取代，自耕农成为国家赋税和徭役的主要承担者，一家一户的小农经济也成为封建统治的经济基础。脆弱的小农经济需要一个稳定的社会环境，需要强有力的国家政权的支持，由此推动了专制主义中央集权制度确立与发展。为了维护小农经济，在 2 000 多年的封建社会，历代统治者大多采取"重农抑商"政策。

上层建筑虽然由经济基础决定，但并不是消极、被动地被决定。上层建筑具有相对独立性，它可以给予经济基础巨大的反作用。陈腐的上层建筑必然会阻挠、破坏新经济基础的产生和发展；先进的上层建筑则会促进旧的经济基础消亡并为建立、巩固和发展新经济基础服务。

新航路开辟后，欧洲的商业和贸易中心从地中海区域转移到大西洋沿岸。优越的地理位置为英国的殖民扩张提供了条件，英国资本主义经济迅速发展，资产阶级和新贵族的力量也不断壮大。这种经济发展状况必然要求建立与之相适应的上层建筑，以促进资本主义的发展。但是斯图亚特王朝厉行专制统治，不断对资产阶级横征暴敛，宗教专制政策也进一步激化了阶级矛盾，资产阶级革命由此爆发。在革命风暴的席卷下，斯图亚特王朝的专制统治最终被推翻，新兴资产阶级和新贵族掌握了国家权力。他们利用国家政权的力量为资本主义发展扫清了障碍，不断推动着英国进行海外扩张，最终奠定了英国在那一时期的霸主地位。

经济基础决定上层建筑，经济基础的发展决定上层建筑的变革，而上层建筑的变革则会继续推动经济基础的发展。于是在经济基础与上层建筑的矛盾和斗争中，人类社会完成了由低级到高级的逐次演进。所以，历史的发展是经济基础与上层建筑相互作用的结果。

二、关于社会存在与社会意识

社会存在是指构成社会的一切存在，包括个体、社会组织、社会活动、各种财产、社会关系等。社会意识是人们对社会存在的主观反映，包括社会上的人的一切意识要素和观念形态，是人类全部社会精神生活及其过程的总概括。

长期以来，人们认为社会意识完全是人类头脑的产物，社会存在和社会意识都是受意识支配的。对于这种观点，马克思和恩格斯在《德意志意识形态》一书中给予了驳斥，并鲜明地提出"思想、观念、意识的生产最初是直接与人们的物质活动，与人们的物质交往，与现实生活的语言交织在一起的。人们的想象、思维、精神交往在这里还是人们物质行动的直接产物。表现在某一民族的政治、法律、道德、宗教、形而上学等的语言中的精神生产也是这样"①。简而言之，物质生活的生产方式制约着整个社会生活、政治生活和精神生活的过程，不是社会意识决定社会存在。相反，是社会存在决定社会意识。

社会存在决定社会意识。以我国儒家思想发展演变为例，春秋战国时期是儒学的产生和发展阶段。面对礼崩乐坏、政局动荡、社会变革，孔子提出"仁"和"礼"的主张，孟子更是将"仁"发展为"仁政"，但是他们的思想都不能适应社会动荡、变革的需求，所以孔子周游列国时四处碰壁，孟子的主张也同样不被当时的统治者采纳。汉武帝即位之初，虽经济恢复发展，国力强盛，但诸侯势力也在不断膨胀，汉武帝迫切需要加强中央集权。为顺应这一趋势，董仲舒对儒学进行改造，吸收其他学派主张，形成了以"大一统"为核心的新儒学，适应了时代需要。汉武帝采纳了董仲舒的主张，"罢黜百家，尊崇儒术"，此后儒家学说取得了正统地位。东汉末年，天下大乱，曹操挟天子以令诸侯。后来，

---

① 中共中央马克思恩格斯列宁斯大林著作编译局编译：《马克思恩格斯选集》（第一卷），北京：人民出版社，1995年，第72页。

司马氏篡魏自立，儒家的纲常伦理备受质疑，嵇康甚至发出"非汤、武而薄周、孔""越名教而任自然"的呼声，加之佛、道的兴盛，儒学面临危机。宋代儒者对儒学进行改良，理学最终诞生。宋代理学将儒学强调的纲常伦理上升到"天理"高度，从哲学角度重新论证其合理性，这就重新建构了维护封建统治的意识形态。南宋时期，理学终成官方哲学。明清时期，商品经济迅速发展，在江南地区出现了资本主义萌芽，而理学强调的"存天理，灭人欲"观念，对社会发展的阻碍越发明显。这些在意识形态领域的激烈碰撞，促使李贽、王夫之、顾炎武、黄宗羲等人萌发了进步思想。他们批判理学，发出"工商皆本""天下兴亡，匹夫有责"的时代强音。儒家思想之所以生生不息，拥有强大的生命力，就在于它始终"因时而变、应世之用"。儒学的发展演变充分体现了社会存在决定社会意识。但是在这一过程中，民本思想、对道德的追求是一脉相承的，社会责任感和历史使命感始终是儒家的精髓所在，这其实也在告诉我们，社会意识具有继承性，它总是在批判中继承、在创新中发展。当然，哪些需要被继承发展，哪些又会被抛弃，这是由社会存在决定的。

社会意识作为社会存在的反映，能够反作用于社会存在，对社会存在的发展具有重要的影响。19世纪的无产阶级运动，鼓舞并影响着马克思、恩格斯，他们共同创作了《共产党宣言》，标志着科学社会主义——马克思主义的诞生。马克思主义犹如漆黑夜空中的灯塔，照亮了国际无产阶级的革命道路。在马克思主义指引下，社会主义运动蓬勃展开。在《共产党宣言》发表69年后，人类历史上第一个社会主义国家诞生了，宣告了社会主义从理想变为现实。

社会存在决定社会意识，社会存在的发展决定社会意识的变化。但是社会意识具有相对独立性，它的发展变化与社会存在的发展变化并不都是同步的，或是超前，或是滞后。当然，大多数情况下具有滞后性。这种发展变化的不同步性在社会转型时期体现得尤为突出，所以转型期的思想往往新旧杂陈，各种思潮并存且斗争激烈。1840 年鸦片战争的失败，使中国开始沦为西方列强奴役、宰割的对象，林则徐、魏源、曾国藩、李鸿章等走在时代前列的士大夫认识到西方的船坚炮利，提出了向西方学习的主张。但是，清王朝的大多数官员依旧做着"天朝上国"的迷梦，仍然固守"贵华夏、贱夷狄"的观念，新旧思潮激烈斗争，晚清思想界掀起了"体用之争"。甲午战败宣告了洋务运动的破产，面对亡国灭种的危局，先进的资产阶级知识分子提出学习西方制度、探索君主立宪之路。但是，地主阶级顽固派和洋务派却坚持"祖宗之法不可变"，思想界再次掀起"要不要变法"的论战。辛亥革命前期，资产阶级革命派与改良派之间围绕着"要不要革命"等问题，又展开了激烈的思想交锋。

三、人民群众是历史的创造者

关于杰出人物在历史发展中的作用，在中国古代就有截然不同的两种观点，即"英雄造时势""时势造英雄"。梁启超曾说："历史者英雄之舞台也，舍英雄几无历史。"对英雄的歌颂无可厚非，但是认为推动历史进步的只有英雄，英雄是历史的创造者，那就大错特错了，其直接后果就是看不到人民群众的巨大作用，忽视人民群众的利益，也自然不能从群众中汲取智慧和力量。正因如此，在 19 世纪中期，马克思和恩格斯在批判黑格尔派英雄史观的同时，提出"历史活动是群众的活动，随着历史活动的深入，必将是群众队伍的扩大"[①]。

唯物史观认为人民群众是历史的创造者。人民群众是指推动历史发展的绝大多数社会成员的总和。从质上说，人民群众指所有对社会历史的发展起推动作用的人们；从量上说，人民群众指社会人口中的绝大多数。不同时期，人民群众的内涵是不一样的，但承担生产物质资料生产

---

① 中共中央马克思恩格斯列宁斯大林著作编译局编译：《马克思恩格斯文集》（第一卷），北京：人民出版社，2009 年，第 287 页。

的劳动群众及知识分子始终是人民群众中最稳定的主体部分。

为什么说人民群众是历史的创造者，是推动社会进步的真正动力？

首先，人民群众是物质财富的生产者。正是他们辛勤劳动，才创造了社会成员吃、穿、住、行等必需的生活资料，从而为政治、科技、文学、艺术等活动的开展提供了必要前提。

其次，人民群众是精神财富的创造者。他们在各种实践活动中孕育了人类社会的精神财富。可以这样说，无论是科学还是文学艺术，从根本上讲，都源自人民群众的生活和实践。

最后，人民群众是社会变革的决定力量。生产力决定生产关系，经济基础决定上层建筑，但是生产关系和上层建筑的变革往往具有滞后性，而且它们不会随着生产力的发展自动地实现变革。在阶级社会中，生产力和生产关系、经济基础和上层建筑的矛盾主要通过阶级斗争的形式呈现出来。所以，在这个过程中，必然要通过人民群众的努力和实践来推动并完成变革。

我们坚持人民群众是历史的创造者，并不意味着我们要否定个人尤其是重要历史人物在历史发展中所起的重大作用。重要历史人物的活动在历史中起着加快或延缓历史进程的作用，但不是决定作用，其对历史推动作用的大小，归根到底取决于是否代表人民群众的利益，能否反映人民群众的意愿，是否符合历史发展潮流。

"得民心者得天下"，人心向背是社会发展趋势的体现。正是因为秦末农民起义的巨大冲击，使得汉初统治者认识到人民群众不可忽视的力量，于是采取了"休养生息"政策，保证了人民相对稳定的生产和生活，中国封建社会中的第一个治世局面——"文景之治"随之出现。隋末农民起义的强烈冲击，使唐初统治者不得不重新审视"君，舟也；人，水也。水能载舟，亦能覆舟"的历史定律，继而采取一系列得民心的政策，为"贞观之治"局面的出现提供了条件。

中华上下五千年，取得了一系列科技成就，这些科技成就归根到底也是人民群众在劳动实践中创造的。战国时期，《墨子》中就有关于图形的相关定义，对杠杆原理、声音传播、小孔成像及机械制造等也有记载。北朝农学家贾思勰撰写的《齐民要术》，系统总结了黄河流域农业生产经验。明代宋应星所著的《天工开物》，将我国古代（明中期以前）的农作物和手工业生产的相关技术进行了全面总结，被誉为"中国17世纪的工艺百科全书"。这些成就其实都源于我国古代劳动人民的智慧，是人民群众创造历史的最好诠释。

所以说，历史是人民群众创造的，重要历史人物对历史进程的影响作用居于从属地位，而非决定地位。在历史的学习研究中，我们应坚持人民群众是历史的创造者的观点，反对英雄史观。

四、阶级斗争是阶级社会发展的直接动力

（一）阶级的起源和实质

什么是阶级？阶级是一种历史现象，是一个具体的历史范畴。它的产生有两个基本前提：一是剩余产品的出现，二是私有制的形成。无论是剩余产品，还是私有制，都是生产力发展的结果，都是生产力和生产关系矛盾运动的产物。总之，阶级是社会生产发展到一定程度和阶段，即生产有所发展而又发展不足的产物。

因为阶级是与生产相联系的，所以唯物史观主张从生产发展的角度来解释阶级的起源和变化。原始社会时，生产力发展水平低下，人们为了生存，选择集体劳动、简单协作，这一时期自然不会有剩余产品以及私有制，也就不可能有剥削现象和阶级的产生。原始社会末期，随着社会生产力的发展，人们生产出来的东西除了维持基本生存外，还出现了剩余，这就为阶级的出现提供了物质基础。一部分人逐渐将生产资料据为己有，剥削他人，成为剥削者；而失去生产资料或生产资料很少的劳动者，只得被迫为剥削者提供劳动，成为被剥削者。随着生产力的进一

步发展，剩余产品增多，阶级分化越来越明显，终于发展成不同的社会集团，人类由此进入了阶级社会。现代考古发现也证明了这一点：陕西临潼姜寨遗址是新石器时代早期的文化遗址，在考古发掘中并没有发现太多的随葬品，各个墓葬差别不大。然而，在新石器时代晚期的良渚文化遗址的挖掘中，考古人员发现了当时人们居住的房屋出现了明显差别，有的房屋宽敞，有的则非常狭小；有的墓葬中陪葬品丰富，有的墓中则很少或几乎没有随葬品。在良渚遗址甚至还发现了古代宫殿的遗存。这就充分说明了良渚文化时期，已经出现了阶级分化的社会发展特征。

（二）阶级斗争是阶级社会发展的直接动力

自从有了阶级，阶级斗争便成为阶级社会的主要矛盾，也是阶级社会发展的直接动力。社会基本矛盾是以改革和革命的形式表现出来的，而革命则是以阶级和阶级斗争为先导的。可以说，有阶级在，就一定会有阶级斗争。关于什么是阶级斗争，列宁曾一针见血地指出："这就是一部分人反对另一部分人的斗争，就是广大无权者、被压迫者和劳动者反对特权者、压迫者和寄生虫的斗争，雇佣工人或无产者反对私有主和资产阶级的斗争。"[1] 换言之，在阶级社会中，阶级斗争是根本利益对立的阶级间相互冲突的集中表现，而物质利益的对立则是阶级斗争的根源。在阶级社会中，被压迫、被剥削阶级只有通过不断斗争才能改变自身的政治、经济地位，改善自己的处境。那么，阶级斗争是如何推动社会进步的呢？

首先，这种进步作用体现在社会形态的质变过程中。在阶级社会中，只要旧的生产关系不利于生产力发展，旧的上层建筑对经济基础产生阻碍，阶级斗争就不可避免。代表旧的生产关系和旧的上层建筑的统治阶级总要利用手中权力，不惜一切代价维护固有生产关系和上层建筑，以

---

[1] 中共中央马克思恩格斯列宁斯大林著作编译局编译：《列宁全集》（第七卷），北京：人民出版社，1986年，第169页。

巩固自身统治。而代表先进生产力发展要求的新兴阶级，只有推翻反动阶级的统治，才能使旧的生产关系和旧的上层建筑发生根本变革。所以，社会革命的成功，往往意味着社会形态的更替，即把人类从较低的社会形态推进到较高的社会形态，从而推动社会进步。

其次，在社会形态的量变过程中也同样体现出阶级斗争的推动作用。在阶级社会，始终存在着剥削阶级和被剥削阶级的利益冲突和斗争。每一次冲突和斗争，都会打击统治阶级，迫使其做出某些改变，以缓和阶级矛盾，这就在一定程度上促进了生产发展和社会进步。

春秋战国时期，新兴地主阶级和奴隶主阶级间矛盾尖锐，在地主阶级的主导和推动下，各诸侯国通过一系列改革，废除了井田制及建立在此基础上的分封制和贵族政治，确立了土地私有制和郡县制、官僚政治，使中国完成了向封建社会的转型。而在其后 2 000 多年的封建社会中，则存在着地主阶级和农民阶级的矛盾。当农民阶级无法忍受地主阶级的残酷剥削时，便会揭竿而起。每一次大规模农民起义都会沉重打击地主阶级，迫使其对社会政策进行调整，也使得新的王朝在建立初期会出现一段时期内政治稳定、经济发展的局面。

在近代西方，由于资本主义发展受到封建社会的阻碍，资产阶级通过改革或革命推翻了封建专制，走上资本主义道路。随着资本主义弊端不断暴露，资产阶级对无产阶级剥削日益加深，无产阶级展开了艰苦卓绝的斗争。在无产阶级的不断斗争下，资产阶级被迫做出妥协和政策调整，无产阶级和广大人民群众的经济、政治地位得到一定改善，社会不断向前发展。例如，1883 年德国议会颁布了《疾病保险法》，开始建立以社会保险为主要特征的社会保障制度。二战后，西方资本主义国家更是将社会保障制度进一步完善，向"福利国家"迈进。

纵观人类阶级社会的发展历程，出现过无数次的改革和革命。改革和革命是推动社会发展的两大方式，而推动改革和革命的则是阶级斗争。

五、社会形态由低级阶段到高级阶段发展

所谓社会形态，即历史上一定的社会经济制度及与它相适应的上层建筑。也有学者进一步将社会形态概括为"经济基础和上层建筑的统一"，这也逐渐成为我们对社会形态概念认识的普遍观点。

古往今来，关于人类社会发展变化的趋势有种种说法：古希腊先哲柏拉图根据古希腊国家政体由"贤人政体——军阀政体——财阀政体——民主政体——贤人政体"的演变过程总结出社会循环论；中世纪的神学家把人类历史演绎成上帝创世到毁世进而救世的过程，从而创立了神学史观；文艺复兴时期，人文主义思想得以复兴、发展，人本史观取代了神学史观，资产阶级人文主义者将人类社会的演进划分为"神的时代""英雄时代""人的时代"；17至18世纪，启蒙思想家又主张用理性的眼光看世界，法国哲学家孔多塞在《人类精神进步史表纲要》一书中，将人类社会划分为十个时代，即原始部落时代、游牧民族时代、农业民族时代、古希腊人思想的进步时代、古代罗马知识进步和知识的衰落时代、从基督教征服西方到十字军时期知识的复兴时代、文艺复兴时代、从印刷术发明到科学哲学完全脱离宗教束缚的时代、从笛卡尔开创的科学革命到法兰西共和国的形成时代、人类精神进步的未来时代等。

由于种种原因，以上这些认识都没有全面、系统、科学地阐释人类社会的发展历程。马克思主义诞生前的思想家们既没有探索人类社会发展背后的深层次原因，也忽视了人民群众在社会演进中的作用。马克思、恩格斯的社会形态理论科学地解答了人类社会的发展趋势问题。

19世纪40年代，马克思与恩格斯携手创作了《德意志意识形态》。在这本著作中，他们从物质生产的角度出发，在深刻剖析生产力与生产关系、经济基础与上层建筑的辩证关系的基础上，阐述了社会形态发展演变的理论，第一次以"所有制形式"划分人类社会形态的演变历史，创造性地将资本主义以前的社会发展演变形态划分为三种所有制形式：

部落所有制、古典古代的公社所有制和国家所有制、封建的或等级的所有制，这就为马克思的五种社会形态理论及其发展演进奠定了雏形。此后，马克思、恩格斯又进行了一系列理论探索，系统、科学地阐释出人类社会形态的发展演变过程：原始社会——奴隶社会——封建社会——资本主义社会——社会主义社会，解开了人类社会形态发展演变的秘密。

尽管马克思生活在工业革命时期的西欧，但是他对工业文明冲击下的东方社会发展也极为关注。他认为资本主义在对东方社会进行侵略并造成罪恶的同时，也瓦解了东方社会旧的统治秩序，起到了革命的作用。基于此，他强调"欧洲式社会"是亚洲社会发展的前景，认为东方社会必须通过资本主义道路才能"走向世界"，强调社会形态发展具有统一性和普遍性。但是晚年的马克思对人类社会形态发展演变进行分析时，更多地关注到不同民族、不同国家历史发展的特殊性、差异性，反对把西欧发展的模式生搬硬套到东方社会的思想和做法。在对俄国社会发展进行分析时，马克思根据俄国当时的国情指出，如果俄国走上1861年的农奴制改革所开辟的资本主义道路，那么就会坐失免受资本主义制度的一切极端苦难直接步入共产主义这一天赐的历史良机。马克思于1881年在写给俄国思想家查苏利奇的回信中，再次肯定了俄国从农村公社跨越资本主义"卡夫丁峡谷"而直接进入共产主义的可能性，提出了著名的跨越"卡夫丁峡谷"的理论。

晚年的马克思认识到不同国家、民族的社会发展轨迹也是不同的，提出了社会形态发展具有普遍性和特殊性的辩证统一思想，马克思主义的社会形态理论最终走向成熟。所以说"只有从普遍性和特殊性、统一性和多样性辩证统一的高度，将世界历史与民族历史在具体分析过程中内在有机地结合起来，而非形而上学地加以割裂，才能正确地把握社会历史发展进程的本质和方向"[1]。

---

[1] 许俊达：《中国社会主义社会形态论》，北京：学习出版社，2006年，第82页。

1949 年，中国共产党领导中国人民建立了中华人民共和国，结束了半殖民地半封建社会，然后又通过完成对社会主义的三大改造，使我国进入了社会主义社会。中国近现代社会发展演进的特殊性充分体现了唯物史观关于社会形态演进的普遍性和特殊性、统一性和多样性的辩证统一。马克思在理论探究过程中所体现出的实事求是、具体问题具体分析的精神，正是马克思主义的精髓和唯物史观的基本原则，我们在历史学习、探究中应一以贯之。

第三节
唯物史观在历史研究中的运用

人类对历史的认识是由表及里、逐渐深化的，要透过历史的表象认识其本质，科学的历史观必不可少。只有运用唯物史观的立场、观点及方法，才能对历史有客观、全面的认识。唯物史观为我们系统科学地阐释人类历史的发展规律以及研究历史和现实问题提供了锐利的思想武器。

十月革命一声炮响，给中国送来了马克思主义。中国的先进知识分子开始运用唯物史观分析中国社会发展演变过程，探寻民族独立的道路。中国最早接受并传播唯物史观的是李大钊。1924 年，李大钊的《史学要论》出版，这是我国第一部系统介绍唯物史观，并将唯物史观运用于历史学研究的著作。在李大钊等人的倡导下，郭沫若、范文澜、翦伯赞、吕振羽、侯外庐等一批史学家以唯物史观为指导，研究中国社会历史的阶段划分，科学地阐释中国社会历史的相关问题。值得一提的是，这一时期的马克思主义史学家还提出了近代中国社会的半殖民地半封建社会性质问题，这对中国共产党工农武装割据道路的探索提供了理论支持。

中国自古以农立国，但是在封建社会里广大农民却深受地主阶级残酷的压迫和剥削，农民为了求生存，被迫多次举起反抗的义旗。这种推动历史发展的斗争，在包括"二十四史"在内的史籍里大多被诬为"贼""寇""匪""盗""逆"。毛泽东依据唯物史观，最先把这颠倒的历史扶正了。1939 年，他在《中国革命和中国共产党》一文中写道："在中国封建社会里，只有这种农民的阶级斗争、农民的起义和农民的战争，才是历史发展的真正动力。因为每一次较大的农民起义和农民战争的结果，都打击了当时的封建统治，因而也就多少推动了社会生产力的发展。"[①] 这篇令人耳目一新的著作，体现了唯物史观中人民群众是历史创造者的观点，不仅开启了中国农民史和中国农民战争史研究的先河，而且为中国共产党领导和团结农民进行社会革命提供了理论依据。

中华人民共和国成立后，唯物史观成为我国史学界研究的指导思想。在唯物史观的指导下，我国的史学研究取得了许多重大成果。当我们运用唯物史观学习和研究历史时，必须坚持以下原则：

一、坚持实事求是

按照唯物史观的观点，人类社会的发展是不以人的主观意识为转移的客观过程。历史研究必须从客观存在的事实出发，在详细、充分掌握史料和客观分析史料史实的基础上，揭示社会发展的客观规律。所以，实事求是就是历史研究必须遵循的基本原则。

"实事"是"求是"的前提，实事求是首先要了解"实事"，即大量、详尽、系统地占有史料，保证结论是从信史中得出。这就需要我们具备史料实证精神，能对史料进行辨伪和求证。准确、真实的历史事实是得出科学、正确的历史结论的前提。如果史实不明，或者史实错误，那么由此得出的结论也一定是立不住脚的。

掌握翔实的史实是我们学习研究历史的前提，但绝不是全部，否则我们就会重蹈乾嘉学派的覆辙。所以，我们要在"实事"的基础上进行

---

① 毛泽东：《毛泽东选集》（第二卷），北京：人民出版社，1991 年，第 625 页。

"求是"的工作，从浩瀚的史料中得出研究结论。在这个过程中，我们要遵循客观性原则，避免主观主义，不要歪曲事实、篡改结论，要以客观公正的态度，叙述事实、得出结论。这样获得的结论才是科学的，才能对现实起到借鉴和指导作用。

在历史研究中坚持实事求是原则，是判定唯物史观和唯心史观的重要标志，也是历史研究的出发点和落脚点。

二、坚持具体问题具体分析

具体问题具体分析不仅是马克思主义活的灵魂，也是唯物史观的重要原则。我们研究历史，只有从历史的实际出发，将其置于特定的历史条件下去分析、解读，才能得出相对正确、客观的结论，只有这样，才能把历史现象的个性与共性统一起来，从纷杂的历史演变中探寻出历史的本质和规律。例如，我们评价中国古代重农抑商政策的时候，如果抛开战国时期封建经济刚刚起步的时代背景，或者不顾明清时期商品经济具备一定规模且资本主义萌芽产生的客观事实，就很难做出客观有效的评价。

史学大家钱穆曾强调："治史所以明变。"历史的"此时"与"彼时"的不同之处，就在于一个"变"字。做这样的辨析，是一项基础性工作。有的史学家称之为"理论性的分期"，将其视为历史学习、研究的重要工具和方法。我们要准确把握不断发展变化的历史，首先需要划分历史阶段，解决好历史分期问题，可以说这是历史探究的入门途径，是一种简便易行的方法。

划分历史阶段只是具体问题具体分析的第一步。我们还要把握每一个历史阶段的特征，将历史事件和人物置于其发生的时代中去研究，将其还原到当时的社会环境中去分析和理解。清代学者钱大昕曾说："今之学者，读古人书，多訾（指责）古人之失。"我们之所以会"多訾古人之失"，就是没有将历史置于其特定时空框架下导致的。

　　在新民主主义革命过程中，中国共产党的革命方略总是随着时代的发展而变化，随着国内矛盾的变化而调整。1931 年 11 月，中华苏维埃第一次全国代表大会在江西瑞金召开，大会制定了《中华苏维埃共和国宪法大纲》，宣告了中华苏维埃共和国临时中央政府的成立。宪法大纲规定：苏维埃政权属于工人、农民、红军兵士及一切劳苦民众。这一时期，中国共产党率领工农革命军在农村"打土豪、分田地"，开展土地革命。1937 年，全面抗战爆发后，中国共产党宣布取消中华苏维埃共和国临时中央政府，设立陕甘宁边区政府；在政权建设方面，广泛团结党外人士；在土地政策方面，"打土豪、分田地"的政策也被"地主减租减息，农民交租交息"取代。我们只有将这些政策与国内主要矛盾的变化结合起来，将其置于特定时代背景下分析、解读，才能真正理解和掌握党的方针政策，才能对中国共产党领导新民主主义革命走向胜利获得更深刻的认识。

三、坚持普遍联系

　　历史事件不是孤立发生的，在历史发展中，无论是哪一个历史事件的发生和发展，都会牵动着其他历史事件和因素。唯物史观认为，生产力和生产关系、经济基础和上层建筑、社会存在和社会意识具有辩证关系。所以，在认识历史的过程中，要注意把握政治、经济及思想文化间的内在逻辑关系，坚持历史的联系性和整体性原则。

　　列宁曾经指出："在社会现象领域，没有哪种方法比胡乱抽出一些个别事实和玩弄实例更普遍、更站不住脚的了。……如果不是从整体上、不是从联系中去掌握事实，如果事实是零碎的和随意挑出来的，那么它们就只能是一种儿戏，或者连儿戏也不如。"[1] 例如我们研究武昌起义，不仅要看到革命党在湖北新军中的巨大影响，更应该研究甲午战后民族

---

　　[1] 中共中央马克思恩格斯列宁斯大林著作编译局编译：《列宁全集》（第二十八卷），北京：人民出版社，1990 年，第 364 页。

资本主义工业的发展、清末新政、保路运动。唯有这样，我们才能深刻理解辛亥革命爆发的历史必然性及对中国社会发展的深刻影响。治史讲求贯通，要注重整体，要在整体之下研究具体，注意探寻事件间的普遍联系。只有这样，才有助于我们对历史进行多维度考察，对历史有更深刻的理解和把握，避免史学研究碎片化、孤立化现象的出现。

我们在坚持历史的联系性和整体性原则的基础上，要善于建构历史知识体系和框架。传统的高中历史教材分为政治、经济、文化三大模块，新版统编教材采取通史与专题相结合的方式。在学习过程中，要注意专题与通史、专题与专题间的联系，切忌将其割裂开来。即便是在同一模块或专题中，事件间也有着密切的逻辑关联。我们在学习中要善于发现并把握这种联系。例如在《普通高中教科书·历史·选择性必修2·经济与社会生活》"水陆交通的变迁"一课中提到了秦朝以咸阳为中心通向全国的驰道、直道和五尺道，唐朝、元朝的驿道。经过仔细分析，我们就会发现，秦朝、唐朝、元朝的交通有一个共同点，那就是道路以首都为中心向四面八方辐射，这就说明修筑道路的重要目的是加强中央集权、巩固国家统一。

再如，"现代医疗卫生体系与社会生活"一课中提到了20世纪中期以来，许多西方国家建立了基本医疗卫生体系，现代医疗卫生体系的建立与二战后相对稳定的社会环境、经济的恢复与发展、第三次科技革命等因素有着密切的关系。所以，围绕着现代医疗体系的建立，我们便形成了一个涉及政治、经济、文化等多方面的知识体系。

体系化的知识是最容易被理解和掌握的，因此，在研究和学习历史的过程中，我们要从细节着手，要运用联系的方法解析相关的历史事件，厘清事件间的逻辑关联。这样不但有助于我们构建相关历史知识体系，也可以让我们更好地把握历史的本质，不断提升历史思维能力。

四、坚持全面、辩证的历史分析和评价

关于隋炀帝开凿京杭大运河一事，历史评价向来褒贬不一。唐代诗

人李益在《汴河曲》中写道："汴水东流无限春，隋家宫阙已成尘。行人莫上长堤望，风起杨花愁杀人。"胡曾更为直截了当，在《咏史诗·汴水》中写道："千里长河一旦开，亡隋波浪九天来。锦帆未落干戈起，惆怅龙舟更不回。"胡曾认为，隋炀帝开凿京杭大运河耗费大量人力、物力，最终导致隋朝短命而亡。但是，同为唐代诗人的皮日休却给出了不同的看法。他在《汴河怀古》中评价道："尽道隋亡为此河，至今千里赖通波。若无水殿龙舟事，共禹论功不较多。"皮日休充分肯定了京杭大运河的开通对后世的贡献，指出隋朝短命而亡是因隋炀帝穷奢极欲，与大运河的开凿无直接关联。无论李益、胡曾还是皮日休，他们都只是看到了历史的一个方面，自然不能对历史人物、历史事件做出全面的评价。

马克思主义哲学认为，事物的发展变化是矛盾运动的结果，因此事物具有对立和统一的两面性。所以，我们对待历史事件和人物，要运用唯物史观，全面地、辩证地、历史地评价。

如何在唯物史观的指导下全面地、辩证地、历史地评价历史人物、历史事件？我们应该着重把握以下两点：第一，坚持主观目的和客观效果的统一。历史是有意识、有目的的人创造的，任何历史事件都有其主观动机。动机是主观愿望，效果才是对历史产生的实质影响。在历史上，主观动机和客观效果往往不能达到完全统一，甚至出现"种瓜得豆"的现象。在对历史人物和事件的评价中，我们应该侧重客观效果，但也不能忽视主观动机。如对洋务运动的评价，我们应该肯定其对中国近代化的发展做出的历史功绩，但也不能忽视其在主观上维护专制统治的局限性。第二，长远利益和当前利益相结合。历史上不乏这样的人物和事件，在当时可能给人民带来了沉重的负担，但从长远来看，对历史的发展进步产生了积极影响。秦始皇修筑长城、隋炀帝开凿京杭大运河便是典型的例子。对于这样的历史人物和事件，我们必须用全面、辩证、发展的眼光来评价。

五、掌握阶级分析方法

在阶级社会，人们的思想及行动不可避免地带有阶级的印记。对待同样的历史事件或人物，站在不同的阶级立场上进行分析得出的结论和认识往往也是不同的。比如对待我国古代农民起义的领导者，地主阶级将其看作"贼""寇"，农民阶级和无产阶级则称其为"农民领袖"。在阶级社会，无论是哪一个阶级占据了统治地位，他们都会不遗余力地维护自身的利益。当生产关系不适应生产力的发展，上层建筑对经济基础产生阻碍作用时，阶级矛盾尖锐激化，统治阶级一般会采取一些改革或措施缓和矛盾、消弭革命，进而维护自身的统治。所以，在历史研究和学习中，要高度关注事件本身涉及的阶级利益斗争，从阶级立场的角度进行分析。这样，我们才能更好地洞察历史事件的本质，不被其表象所迷惑。

17、18世纪，启蒙运动席卷欧洲。启蒙思想家鼓吹自由、民主、平等、天赋人权、人民主权等思想。在启蒙思想的影响下，北美独立战争、法国大革命接连爆发，资产阶级代议制民主政体逐渐建立起来。西方政治家们称其为"实现了把权力关在笼子里"的梦想。但是，当我们从阶级立场的角度进行分析时就会发现：西方民主的实质是资产阶级的民主，维护的是资产阶级的利益。在美国1787年宪法中，关于众议院的选举就有这样的规定：众议员人数应按联邦所辖各州的人口数目比例分配，此项人口数目的计算法，应在全体自由人民数目之外，再加上所有其他人口之五分之三。

西方国家在二战后建立起相对完善的社会福利制度，甚至是从"摇篮"到"坟墓"。当揭开这种高福利面纱的时候，我们会发现：西方的高福利从根本上维护的是资产阶级的利益，并没有改变资本主义剥削的本质。

中国史学遗产绚丽多彩，是世界文化宝库中的珍贵资源。与世界其他国家的史学相比，中国史学最大的特点就是源远流长、从未间断。

从《春秋》到《资治通鉴》，从《史记》到《明史》，从编年体、纪传体史书到典志体、纪事本末体史书，中国古代史学从各个方面记载了中国历史的面貌，成为我国古代最渊博的学问之一。近代社会的巨大变化，对中国史学产生了重大影响。20世纪初，梁启超提出"新史学"，标志着中国近代史学的开始。继承古代史学传统，学习借鉴西方史学思想方法，成为中国近代史学最明显的特征。19世纪末20世纪初，马克思的唯物史观开始传入中国，李大钊、陈独秀、瞿秋白、蔡和森等人是我国最早一批唯物史观的传播者和宣传者。中华人民共和国成立后，中国历史进入一个新的时代，马克思主义史学得到了前所未有的发展。

在世界史学发展的漫长过程中，西方史学同中国史学一样，也有悠久的历史和优秀的传统。根据不同时期史学发展的特征，我们可以粗略地把西方史学发展划分为古典史学、中世纪史学、近代史学、现代史学和当代史学。

通过本单元的学习，我们应知道中外史学发展的大致脉络，了解史籍编纂的主要体例及编纂特点；知道历史上著名史学家的治史情怀和治学态度，以及对史德、史才、史学、史识的推崇；知道近代以来"新史学"的出现及发展；了解马克思主义史学在我国的传播与发展。

第一节
中国古代史学的演进与发展

中国史学源远流长，从产生到 19 世纪末，中国古代史学大致可以分为先秦时期史学、秦汉时期史学、魏晋南北朝时期史学、隋唐时期史学、五代辽宋夏金元时期史学和明清时期史学等六个阶段。中国古代史学经历了从单一到丰富、从简单到复杂的演进与发展过程。

一、先秦时期史学

在没有文字的原始社会，中国史学处于萌芽时期。为了传授生产经验及氏族传统，那时的人们采用口耳相传、刻痕记事、结绳记事等方式来传授和记载历史。在流传过程中，这些口耳相传的历史被演绎为神话和传说，这些神话和传说的内容虽有虚构成分，却也不乏真实历史的影子。

先秦时期是中国史学的产生阶段。商代出现了我国迄今能见到的最早的成熟汉字——甲骨文，甲骨文及刻在青铜礼器上的金文对事件的记载已有了明确的时间，同时具有文字、时间、内容三个方面的要素，是中国史学的最早形态。

西周、春秋时期得以传世的《尚书》具有极高的史料价值。《尚书》是一部政治文书，基本上是统治者讲话的记录和文告。《尚书》是儒家经典之一，是历代儒家研习的基本书籍。西汉学者伏生口述的28篇《尚书》为今文《尚书》，西汉鲁恭王刘余在拆除孔子故宅一段墙壁时发现的另一部《尚书》，为古文《尚书》。西晋永嘉年间战乱，今文、古文《尚书》全都失佚了。东晋初年，豫章内史梅赜给朝廷献上了一部《尚书》，包括今文《尚书》33篇，以及古文《尚书》25篇（后古文《尚书》被考证为梅赜伪造）。

《诗经》是先秦时期又一部具有极高史料价值的传世作品。《诗经》是一部诗歌总集，相传经孔子编订，辑录了从西周初期到春秋中期的305首诗篇。这些诗篇作为史料虽有一定局限，但从多个角度反映了当时历史的面貌。如《大雅》中的《生民》等诗，属于祭祖诗，是歌颂周朝祖先的颂歌，歌颂了后稷、公刘、太王、王季、文王、武王等的辉煌功绩，记录了周氏族的产生和发展，反映了周自母系氏族社会后期到周灭商的历史过程。这些诗篇虽然掺杂着神话、传说内容，但从中可以挖掘出信史，史料价值显而易见。其中记载的这一历史时期内的重要历史事件，反映了周族的经济、政治、军事、民俗等多方面情况。再如《邶风·静女》《郑风·出其东门》从不同角度表现了各种婚姻情况，反映了西周至春秋中期各地的民俗状况，是了解中国古代婚姻史、风俗史的极好材料。总之，《诗经》的内容涵盖极为丰富，多侧面、多角度、全方位地反映了从西周到春秋中期的历史发展状况。后世史学家在史书中叙述这一历史阶段状况时，常参考《诗经》中的记载。

《春秋》是春秋时期经典的史学名著，是中国古代儒家典籍"五经"之一，是我国第一部编年体史书，也是东周前期鲁国的国史。相传，《春秋》为孔子编订，有"仲尼厄而作春秋"之说，但后世也有不同的说法。清人袁谷芳在《〈春秋〉书法论》中说："《春秋》者，鲁史也。鲁史氏书之，孔子录而藏之，以传信于后世者也。"《春秋》一书"微言大义"，记事语言特别简练，语句大多暗含褒贬之意，这种写作手法被后人称为"春秋笔法"。孟子云"孔子成《春秋》而乱臣贼子惧"，这也肯定了《春秋》的价值评判原则。

《左传》成书于春秋末期到战国初期，相传为左丘明著，是中国古代一部叙事完备的编年体史书。《左传》是研究先秦历史的重要文献，代表了先秦史学的最高成就，对后世史学的影响很大，尤其对确立编年体史书的地位起到重要作用。《左传》重视长幼尊卑之别，强调等级秩序与宗法伦理，同时也表现出"民本"思想，具有强烈的儒家思想倾向，是后世研究先秦儒家思想的重要史料。

二、秦汉时期史学

秦汉大一统时期，中国古代史学初具规模。秦始皇强化中央集权，"焚书""坑儒"，文化高压政策使史学的发展受到一定影响。西汉初年对历史经验教训的总结，重新引发了人们对历史学的重视。汉武帝"罢黜百家，尊崇儒术"，政治上的大一统促进了思想上大一统观念的形成。通史巨著《史记》和断代史巨著《汉书》的出现奠定了中国古代史学继续发展的坚实基础。

《史记》位居传统正史"二十四史"之首，由西汉伟大的史学家司马迁撰写。《史记》是一部纪传体通史，记载了从上古传说中的黄帝时代到汉武帝太初四年（前101）共3 000多年的历史。《史记》首创纪传体体例，以人物活动为中心展开叙史。全书共130篇，包括十二本纪（记述历代帝王政绩）、三十世家（记述诸侯国和汉代诸侯、勋贵兴亡）、七十列传（记述重要人物的言行事迹，其中最后一篇为自序），另有十表（大事年表）、八书（记述各种典章制度，包括礼、乐、音律、天文、历法、封禅、水利、财用等）。《史记》体系完备、规模巨大，对后世的纪传体史书影响深远，之后，历朝撰写正史皆采用这种体裁。同时，《史记》也是一部优秀的文学著作，在中国古代文学史上占有重要地位，被鲁迅誉为"史家之绝唱，无韵之《离骚》"。西汉末年，刘向等人认为此书"善序事理，辨而不华，质而不俚"。《史记》虽是纪传体体例，却把人物活动和历史事件放在了广阔的社会舞台上加以呈现。司马迁几乎注意到历史上社会的每一阶层、每一方面、每一角落的动态，并且予以具体生动的描写，《史记》可称得上是我国第一部大规模的社会史。

《汉书》，又称《前汉书》，是我国第一部纪传体断代史，由东汉史学家班固历时20余年编撰而成。《汉书》记载了从汉高祖元年（前206）到新朝王莽地皇四年（23）间的历史。班固（32—92），东汉史学家班彪之子，班超之兄。班固自幼聪敏，"年九岁，能属文诵诗赋"，成年后博览群书，"九流百家之言，无不穷究"。班固去世后，《汉书》中的"八表"和《天文志》尚未完成，于是，汉和帝命班固的妹妹班昭补写了"八表"，马续协助班昭补写了《天文志》。

三、魏晋南北朝时期史学

魏晋南北朝时期，政权更迭频繁、民族交融密切，民族关系在矛盾和交融中呈现出复杂的情况。这一时期的史学，既要记载各民族的历史，又要反映复杂社会面貌所带来的新的历史内容，更要承担历史学的社会功能，加之造纸术的发明、改进和纸的使用，史学得以蓬勃发展。除了各王朝史，民族史、地方史、家族史、人物史、域外史、史论、史著等多方面都出现了重要的著作。其中，陈寿的《三国志》、范晔的《后汉书》、沈约的《宋书》、萧子显的《南齐书》、魏收的《魏书》被纳入"二十四史"，广为流传。

四、隋唐时期史学

隋唐时期再现大一统盛世，国家设馆修史成为定制。这一时期，官修史书成果突出，史学评论独树一帜，历史撰述从形式到内容多有创新，中国古代史学继续向纵深发展。

唐代刘知畿的《史通》，是我国第一部系统性的史学理论专著，从理论上对史书编撰进行了系统的总结和反思。《史通》主要论述了史籍源流，评论了史书体例和编纂方法，讨论了前人修史之得失。《史通》还首次提出了才、学、识作为"史家三长"的重要性。《史通》涉及的范围非常广阔，大致可以分为史学理论和史学批评两大类。由于《史通》总结了唐以前史学的经验得失并提出了系统的历史理论，因而拥有极高的史学地位，对后世影响深远。此书的编著时间始于武周长安二年（702），终于唐中宗景龙四年（710）。应当肯定的是，《史通》对中国古代史学进行了全面的总结，提出了较为系统的史学理论，是一部史论的集大成之作。

唐代杜佑的《通典》创典志体通史的体裁，是典章制度专史的开创之作，在史学史上占有重要地位。在杜佑撰写《通典》之前，史书中有关典章制度史的内容基本集中于纪传体史书中的书、志部分，在撰述体例和史实容量上受到限制，不能满足社会发展的客观需要，难以承担完整记述社会政治、经济制度发展演变历史的任务。杜佑创典志体通史体裁，将典章制度作为中心内容加以记述，为这一体裁的独立和成熟做出了突出贡献，为典章制度史的发展开辟了广阔的空间。此后，典章制度史成为传统史学中的一个重要门类，传统史学的表现能力得到丰富，史学服务社会这一优秀传统得到进一步发展。

五、五代辽宋夏金元时期史学

五代辽宋夏金元时期，各民族政权都非常重视史学，以两宋史学成就最为突出。

北宋时期，司马光主持编撰的编年体通史《资治通鉴》是一部可以与《史记》并论的著名史著。《资治通鉴》的叙史范围上起战国初年（周威烈王二十三年，前403），下讫五代末年（后周显德六年，959），共记述1362年的历史，内容以政治、军事和民族关系为主，兼及经济、文化和历史人物评价，成书目的是通过对事关国家盛衰、民族兴亡的统治阶级政策的描述警示后人。

南宋时期，郑樵所撰的纪传体通史《通志》，也是通史撰述的代表性史著。《通志》的优点，不仅表现为记载内容上古今贯通，更在于郑樵对通史观念的理论阐发。

这一时期也是中国古代少数民族史学发展的重要时期。五代以后，北方先后有契丹族建立的辽朝、党项族建立的西夏和女真族建立的金朝。这些政权有本民族的文字，有独具特色的史官制度，用汉字或民族文字撰写出许多史书。

元朝官修史书也有所发展，"国可灭，史不可灭"的修史意识及修史过程中反映出的统一多民族国家的认同意识也是值得我们重视的。

六、明清时期史学

从中国古代史学的发展历程来看，明清时期的史学已处于后期阶段，但这并不意味着古代史学从此走向衰落，时代与学术趋向的变化，影响着明清时期史学形成新的特点。

明代私人修史繁荣。明清之际，朝代更迭、社会巨变，黄宗羲、顾炎武、王夫之等史家的著作是这个时期史学的杰出代表，他们主张"经世致用"，将批判锋芒指向专制制度。清乾嘉时期，历史考证及史学理论等方面较之以往有明显的进展，历史考证方面的突出代表便是乾嘉学派。

考据学，又称为考证学或朴学，是一种治学方法，主要是对古籍加以整理、校勘、注疏、辑佚等。其治学的根本方法，在于"实事求是""无征不信"。乾嘉学派的研究范围以经学为中心，衍及小学、音韵、史学、金石、典章制度、校勘等。受特定历史环境的影响，清代考据学得到了迅速发展，全盛时期的代表人物有惠栋、戴震、段玉裁、王引之、王念孙等。

　　史学理论方面，清代晚期章学诚的《文史通义》享有盛誉，与刘知畿的《史通》齐名，并称中国古代史学理论的"双璧"。《文史通义》全书共 8 卷，分内篇、外篇。内篇主要论述文史理论，外篇专论方志编撰问题。章学诚守得一生贫困，矢志于史学。章学诚去世前一年，便因积劳成疾而双目失明，但他仍笔耕不辍。《文史通义》一书的写作，自章学诚 35 岁起，至他 64 岁逝世时止，历时 29 年。严格来说，该书仍未写完，因为他早已列入计划的《圆通》《春秋》等篇还未及动笔。章学诚在《文史通义》中提出了"经世致用""六经皆史""做史贵知其意"和"史德"等著名论断，同时还在总结前人修志经验的基础上，提出了"志属信史"、"方志辨体"、"三书"（主张志书应由通志、典章制度和文献诗文构成）、"四体"（经、谱、考、传）等观点，建议州县"特立志科"，创立了方志学。

　　清道光、咸丰年间，由于西方列强的入侵，我国历史环境出现了前所未有的大变化，进而出现了西北边疆史研究的热潮。随着民族危机的加深，外国史研究、当代史研究越来越受到史家重视，这些新的趋向预示着中国古代史学的终结，中国近代史学将开启崭新篇章。

第二节
中国古代史籍与"史家四长"

一、中国古代史籍

我国古代各类体裁的史书浩如烟海、内容丰富，纵横交织成一幅波澜壮阔的历史画面。

我国古代史籍体裁的基本分类有编年体、纪传体，这是最主要的史籍体裁；此外，还有典志体（又称为政书）、纪事本末体、史评和史论、杂史、传记、学案体、地理书、诏令、奏议、史钞、辑佚、目录等。这些为后人研究和认识历史提供了多方面的史料基础和客观依据。

（一）编年体史书

我们把按照年、月、日顺序记述史事的史书体裁，称为编年体。我国现存第一部编年体史书，是经孔子整理、编订而成的鲁国国史——《春秋》。《左传》是春秋时期继《春秋》之后的又一部编年史，相传为春秋末期鲁国史官左丘明编撰。编年体是先秦时期史籍体裁的主流。东汉末年，荀悦用编年体撰成《汉纪》，开创了编年体的断代史。到了北宋，司马光主持编著《资治通鉴》，使得编年体得到飞跃式发展。此后，编年史的编撰出现了一个高潮，自宋以降，代有续作。中国古代的编年体史书形成了一个时间范围跨度大、世代相传、连绵不绝的庞大史书体系。

（二）纪传体史书

纪传体的创立始于司马迁编撰《史记》。在司马迁之前，史籍在编撰方法上已经出现了若干体例，司马迁综合各种体例，创造了以人物为中心的纪传体史书——《史记》。《史记》分为本纪、世家、表、书、列传五个部分。此外，在每篇本纪、世家、列传、书的最后，都有一段作者的评论文字，即对本篇记述的历史人物与事件的意见，借以表达政治观点和史学思想。这种史书体裁以纪、传为主体，表、书为辅助，它们各有分工、互相配合，形成了一个有机的整体。《史记》是一部纪传体的通史，东汉班固所著的《汉书》又创立了纪传体断代史。纪传体自创立使用，便被历代统治阶级定位为"正史"体例。纪传体"正史"共有二十四部，也就是我们常说的"二十四史"。如下表：

序号	史籍名称	［朝代］作者	基本成书时间
1	《史记》	［汉］司马迁	约前91年
2	《汉书》	［汉］班固	83年
3	《后汉书》	［南朝宋］范晔	约432年
4	《三国志》	［晋］陈寿	280—289年
5	《晋书》	［唐］房玄龄等	648年
6	《宋书》	［南朝梁］沈约	488年
7	《南齐书》	［南朝梁］萧子显	502—519年
8	《梁书》	［唐］姚思廉	636年
9	《陈书》	［唐］姚思廉	636年
10	《魏书》	［北齐］魏收	554年

（续表）

序号	史籍名称	［朝代］作者	成书时间
11	《北齐书》	［唐］李百药	636 年
12	《周书》	［唐］令狐德棻等	636 年
13	《隋书》	［唐］魏征等	636 年
14	《南史》	［唐］李延寿	659 年
15	《北史》	［唐］李延寿	659 年
16	《旧唐书》	［后晋］刘昫等	945 年
17	《新唐书》	［宋］欧阳修、宋祁	1060 年
18	《旧五代史》	［宋］薛居正等	974 年
19	《新五代史》	［宋］欧阳修	1053 年
20	《宋史》	［元］脱脱等	1345 年
21	《辽史》	［元］脱脱等	1344 年
22	《金史》	［元］脱脱等	1344 年
23	《元史》	［明］宋濂等	1370 年
24	《明史》	［清］张廷玉等	1735 年

　　"二十四史"共3 200多卷，近4 700万字，记载了从传说中的黄帝到明末4 000多年的历史，包括政治、经济、军事、法律、文化、天文、地理等方面的丰富史料。民国时期，又增加了《清史稿》和《新元史》，所以我国纪传体"正史"也可以称为"二十六史"。

（三）典志体史书

　　典志体史书，又称为政书，典志体史书以典制为中心，记述历代典章制度及其因革损益。这类史书的特点是分门别类进行表述，曾被称为分类书。典志体史书是从纪传体史书中的书、志中分离出来而形成的独立的史书体裁。唐代史学家杜佑所撰的《通典》，是我国古代第一部体例完整的典志体史书。

（四）纪事本末体史书

纪事本末体史书，一般认为是由南宋袁枢首创。此前，史书通行"编年""纪传"二体。编年体史书以年代为中心，一事往往隔越数卷；纪传体史书以人物为中心，一事往往复见数篇。例如在《资治通鉴》中，要查阅一个历史事件的全貌，就得翻阅好几卷书。袁枢为了解决读《资治通鉴》时的这一不便，采取了一个新方法：即以事件为中心，按《资治通鉴》原来的年次，把分散的史事集中在一起，抄上原文和司马光的评论，再加上一个题目。他用这种方法，共编纂了 239 个条目、42 卷，以"通鉴纪事本末"命名，并由此创立了一个新的体例——纪事本末体。

纪事本末体，兼编年、纪传二体之长，叙事连贯，使人一目了然；材料集中，方便查阅，但有的零散材料没有集中。所以，《通鉴纪事本末》只能作为检阅《资治通鉴》的工具书，不能作为原始材料，引用时还需要参考《资治通鉴》。《通鉴纪事本末》问世之后，相继出现了一系列纪事本末体史书，如《宋史纪事本末》《元史纪事本末》和《明史纪事本末》等。

二、"史家四长"

中国古代非常重视史家的个人修养问题，非常推崇优秀史家的品质。如司马迁、班固、刘知幾、欧阳修、章学诚等人，他们既有撰史者应具有的才能、学问，又有强烈的历史责任感，他们把撰史当成一项庄严而神圣的事业，不畏艰辛，持之以恒，在为后世留下宝贵史学著作的同时，也成为后人景仰的治史楷模。

我国古代的史学家将史家的个人修养内容进行了理论化总结，提出了真知灼见。其中，以刘知幾和章学诚所提的观点最为著名。

唐代的刘知幾在《史通》中提出了"史家三长"，认为史家必须兼有"史才""史学""史识"。清代的章学诚又增加了"史德"，于是形成了我们今天说的"史家四长"。

（一）史才

关于"史才"，刘知几说："夫有学而无才，亦犹有良田百顷，黄金满籝，而使愚者营生，终不能致于货殖者矣。"① 在这里，"史才"强调的是一种发现史料价值的眼光，一种如实解读历史信息、分析历史现象、开展历史研究的方法。比如，清末民初，有学者发现了大量刻有商代卜辞的甲骨，王国维认为"吾辈生于今日，幸于纸上之材料外更得地下之新材料，由此种材料，我辈固得据以补正纸上之材料，亦得证明古书之某部分全为实录；即百家不雅驯之言，亦不无表示一面之事实"②，他将史籍中的记载和新出土的文物资料相互参证，发明了"二重证据法"，取得了巨大成就。再比如，陈寅恪曾说："一时代之学术，必有其新材料与新问题。"③ 因为重视"材料"，他进一步拓展了王国维的"二重证据法"，在以诗证史、笔记小说证史等方面进行了诸多探索，影响了后世史家。胡适强调："'有几分证据，说几分话。'有一分证据只可说一分话。有三分证据，然后可说三分话。"④

（二）史学

关于"史学"，刘知几说："如有才而无学，亦犹思兼匠石，巧若公输，而家无梗楠斧斤，终不果成其宫室者矣。"⑤ 他强调治史者在搜集和整理史料的过程中，一要确保所用史料真实可靠，二要管理好自己搜集的海量素材，为研究和撰述奠定基础。言及史料的可靠性，我们会想到"一手史料"和"二手史料"，前者往往比后者更接近历史事实。近现代史家中，陈垣总结出追溯史料流传过程、寻找"一手史料"的"史源

① [后晋] 刘昫：《旧唐书》卷一百二《列传第五十二》，北京：中华书局，1975 年，第 3173 页。
② 王国维：《古史新证——王国维最后的讲义》，北京：清华大学出版社，1994 年，第 2 页。
③ 陈寅恪：《陈寅恪集·金明馆丛稿二编》，北京：生活·读书·新知三联书店，2009 年，第 266 页。
④ 罗尔纲：《师门五年记·胡适琐记（增补本）》，北京：生活·读书·新知三联书店，1998 年，第 47 页。
⑤ [后晋] 刘昫：《旧唐书》卷一百二《列传第五十二》，北京：中华书局，1975 年，第 3173 页。

学"——"如果对前人著作或资料加以审订，必须查出它们的根据，然后才能稽考史事，订正讹误"①。

（三）史识

关于"史识"，刘知幾认为："犹须好是正直，善恶必书，使骄主贼臣，所以知惧，此则为虎傅翼，善无可加，所向无敌者矣。"② 这里一方面是说史家要能阐述和解释历史发展的规律，另一方面强调史家应肩负价值评判的职责。这相当于我们今天在历史学科核心素养中提到的"历史解释"与"家国情怀"。

我国古代史家素来强调以史鉴今，希望通过撰史来总结历史经验和教训，发挥史籍的教育警戒作用。我国古代有代表性的史家及其著述一般都具有恢廓的历史视野，这一类史籍往往用包容一切的气势来阐述历史的发展过程，探究历史的前因后果。孟子曾说："世道衰微，邪说暴行有作，臣弑其君者有之，子弑其父者有之。孔子惧，作《春秋》。"③ 孟子以此说明孔子作《春秋》时所具有的自觉的社会目的。司马迁撰写《史记》时，提出了"究天人之际，通古今之变，成一家之言"的著史宗旨。汉代以后，无论是通史家，还是断代史家，他们的著作都力图展示其学兼天人、识通古今的恢宏气象。班固的《汉书》是这样，司马光的《资治通鉴》更是如此。司马光主持编撰《资治通鉴》的目的就是给帝王"周览"，从中鉴戒得失，所以在编撰过程中，他"专取关国家盛衰，系生民休戚，善可为法，恶可为戒者，为编年一书"。书写成后，宋神宗赐名为《资治通鉴》，更是明确强调了要以史为鉴。

清代屡兴文字狱，致使一些学者不敢谈论现实问题，而把精力集中在古典文献的整理和考订上。即便如此，清代还是有不少著名史家重视对前朝和当代历史的研究和撰著。浙东史学的代表人物，如黄宗羲、万

---

① 李瑚：《励耘书屋受业偶记》，收于陈智超编《励耘书屋问学记：史学家陈垣的治学（增订本）》，北京：生活·读书·新知三联书店，2006年，第221页。
② [后晋] 刘昫：《旧唐书》卷一百二《列传第五十二》，北京：中华书局，1975年，第3173页。
③ 万丽华、蓝旭译注：《孟子》卷六《滕文公下》，北京：中华书局，2006年，第138页。

斯同、章学诚等都有丰硕的研究成果。以古鉴今、古为今用是中国古代史学的优秀传统，对我们学习、研究传统史学有重要的现实意义。

（四） 史德

章学诚在刘知畿"史家三长"的基础上进一步提出了"史德"，与"史才""史学""史识"共同构成了"史家四长"。章学诚说"记诵以为学也，辞采以为才也，击断以为识也"，"德者何？谓著书者之心术也"①。"史德"就是指史书撰写者的态度和心术。"史家四长"共同构成了真正的史家与良史的科学判断标准。四者各有专指，相互渗透，相互依托，缺一不可，构成了一个整体，就像人的左膀右臂，无所谓主次先后，共同发挥着作用。

在中国历史上，每位史家都有其相应的史德，每位史家的史德又都制约着其史学撰述，并且在相应的传世著作中表现出来。班固评论司马迁"不虚美，不隐恶"，刘知畿强调"善恶必书"，是从理论上对史德的阐发；胡应麟提出"公心"和"直笔"，是对史德的进一步生发。修史是探寻历史演化之道的认知活动，必须有强烈的社会责任感，必须忠于史实，坚持善恶必书。

总之，从刘知畿的"史家三长"到章学诚的"史家四长"，一个几乎被所有史学工作者认同的判断标准体系逐渐形成了。在奔流不息的历史长河中，一代又一代优秀的史学家秉笔直书，实事求是，不虚美、不隐恶，编写信史。他们以古鉴今，重视总结历史经验和教训，重视史籍的教育警戒作用。无论官修、私修，史书皆重视收集、保存和整理史料，重视史家的个人修养。中国史学的这些优秀传统在留给我们丰富的历史文化遗产的同时，也留下了宝贵的精神财富。

---

① ［清］章学诚：《文史通义》卷三《内篇三》，上海中华书局据原刻本校刊。

第三节
"新史学"的形成和马克思主义史学在中国的发展

一、"新史学"的形成

20世纪初，以梁启超发表《中国史叙论》和《新史学》为标志，"新史学"出现，中国近代史学由此开端。

1902年，梁启超在《新民丛报》上发表《新史学》，在文中疾呼："史界革命不起，则吾国遂不可救！悠悠万事，惟此为大。新史学之著，吾岂好异哉，吾不得已也。"① "新史学"的目标，是以社会进化史观为理论，将近代"国家""民族"等观念运用到中国历史的研究和编撰中，并对旧史学做出各种变革。《新史学》对旧史学进行了猛烈抨击，明确历史研究的目的是"叙述人群进化之现象而求得其公理公例者也"②。

鸦片战争爆发以来，我国社会发生了深刻变革，救亡图存成为时代主题，这成为中国史学转型的直接原因之一。世界眼光、国家意识和民族意识，促使中国近代史学在整体上突破了古代史学视中国为天下的传

---

① 梁启超：《新史学·中国之旧史学》，原载于1902年《新民丛报》。
② 梁启超：《新史学·史学之界说》，原载于1902年《新民丛报》。

统。在新文化运动的影响下，民国时期史学崇尚科学、求真务实，西方史学成为影响中国近代史学走向的重要因素。

1905 年，清廷正式废除科举制，新式学堂出现，以新的历史观点编写新式中小学历史教科书，成为时代要求。新文化运动前后，中外史学交流频繁，西方的史学观念和研究方法传入我国，对中国史学发展产生了直接影响。在"新史学"思潮兴起之际，甲骨卜辞、敦煌文书、汉晋简牍等新史料进入学者的研究视野，王国维、罗振玉等人通过新史料对殷周历史的考证研究开辟了中国近代史学研究的新路径。以整理运用新史料为主要特点，以求真务实为研究目标，以科学方法为贯穿中西史学的纽带，在我国近代史学转型的过程中，新历史考证学成为这一时期史学的主流。

值得注意的是，在"新史学"的研究过程中，涌现出了许多史学大家。王国维在研究实践中总结出了二重证据法。二重证据法的提出，是对史学研究方法在理论层面的概括，具有近代史学的方法论意义。胡适不断地宣传、倡导科学方法。胡适所说的科学方法，以其师杜威的实验主义理论为基础，中心内容可以概括为"大胆假设，小心求证"。史料成为傅斯年史学思想的中心，他提出了"近代的历史学只是史料学"①这一学术主张。傅斯年主持撰写的《东北史纲》证明了东北地区自古属于中国领土，驳斥了日本的侵华谬论，为激励国人抗日做出了重要贡献。陈寅恪留学欧美 10 余年，多年海外留学的经历，让他掌握了多种域外语言，更让他能够在历史研究中融汇多种语言的文字史料。他以更加宏阔的史料观扩展了历史研究的视野，并不断探索历史现象的深层内涵、洞悉中外史学的特点，进而提出了以民族本位、民族精神为核心的史学观精辟论断；1918 年底至 1920 年，梁启超在游历欧洲时目睹了第一次世界大战后西方的实际状况，亲身感受到西方的文化氛围，实际了解了西

① 傅斯年：《历史语言研究所工作之旨趣》，《历史语言研究所集刊》（第一本第一分），广州：国立中央研究院历史语言研究所，1928 年，第 3 页。

方学术的发展状况，对曾经大力提倡的进化史观产生了怀疑，也改变了以前激烈否定传统史学的态度，这是他一生中数次变化中最重要的一次。梁启超晚年曾说："假如我将来于学术上稍有成就，一定在史学方面。"[①]梁启超后期的学术建树既具有总结性，又具有开创性，为中国近代史学转型发展做出了重要贡献。1923年，顾颉刚在《与钱玄同先生论古史书》中提出了他著名的"层累地造成的中国古史"说。此后，他又提出了判别古史可信与否的四项标准，即"打破民族出于一元的观念""打破地域向来一统的观念""打破古史人化的观念""打破古代为黄金世界的观念"。钱穆的《国史大纲》，叙述了从上古三代至清代5 000多年的历史，是民国时期又一通史名著。

20世纪初出现的"新史学"使中国史学在历史观念、研究方法、撰写形式、学科建制等各个方面都发生了重大变化，中国史学逐步走向近代化，呈现出新的面貌。

二、马克思主义史学在中国的传播与发展

（一）中国马克思主义史学的诞生

作为一种新的西方社会科学理论，早在19世纪末20世纪初，唯物史观便被介绍进中国。俄国十月革命后，李大钊、陈独秀、瞿秋白、蔡和森等人积极宣传马克思主义理论，他们力图运用马克思主义的社会经济形态学说观察中国的现实社会和历史发展，分析中国的社会性质。1919年，李大钊相继发表《我的马克思主义观》《物质变动与道德变动》《史观》等文章，宣传马克思主义唯物史观。

1927年，第一次国共合作破裂，大革命失败。中国未来将走向何处、中国革命的前途又在哪里、中国社会性质是什么等问题成为摆在人们面前的主要问题。知识界对这些问题的讨论，形成了20世纪20年代末

---

① 梁启超：《文史学家之性格及其预备》，原刊于1924年《清华周刊》第291期。

到 30 年代初的中国社会史大论战。在这场论战中，一个最突出的现象是，论战的参与者大量引用马克思主义的词句，作为对自己观点的支撑，马克思主义理论在整个社会和思想理论界取得了重要地位，产生了广泛影响。1931 年创刊出版的《读书杂志》开辟了中国社会史论战专栏，该杂志成为中国社会史论战的主要阵地，各家各派陈述自己的观点，相互之间的论战达到高潮。中国社会史大论战的结果，对革命者正确了解中国革命的形势、性质，明确革命的对象、任务、前途等起到了重要作用。

1930 年，流亡日本的郭沫若完成并出版《中国古代社会研究》。该书将中国历史划分为原始公社制、奴隶制、封建制等阶段，首次在研究中实现了唯物史观与中国古史的结合，成为中国马克思主义史学研究的开创之作。《中国古代社会研究》标志着中国马克思主义史学开始建立。中国马克思主义史学在探讨中国历史发展阶段、不同历史时期的社会性质、明确中国革命发展方向的努力中逐渐成长起来，其对中国历史的解释、对历史研究的宏观把握，以及在历史研究中重视学术性和现实性的特点，都与历史考证学有着明显不同，是民国时期史学发展中不可忽视的重要内容。

（二）中华人民共和国成立后马克思主义史学的发展

1949 年 10 月 1 日，中华人民共和国成立，标志着中国历史进入新纪元，中国史学也开始了新的发展历程。中华人民共和国成立之初，全国范围内开展了学习马克思列宁主义、普及唯物史观的教育活动。"从头学起"成为当时社会各界学习马克思主义理论的行动口号，历史唯物主义和社会发展史成为基本的学习内容。《资本论》《家庭、私有制和国家的起源》等马克思、恩格斯经典著作和《毛泽东选集》的适时出版发行，在全国掀起了学习马克思主义理论的热潮。

1949 年至 1966 年间，中国史学的发展不可避免地受到一些现实因素的影响。如 1958 年开始的"大跃进"波及学术领域，之后掀起了所谓的"史学革命"，提出了"打破王朝体系""打倒帝王将相"等口号，造成了历史教学和科研的混乱。"文化大革命"时期，史学研究也受到了干扰。

改革开放以来，我国社会发生了翻天覆地的变化，史学走出了"史学危机"，出现了前所未有的思想解放局面，开始进入正常的学术环境中。新时期的史学研究工作要从历史事实出发，积极拓展研究领域，其在更新研究理论和深化课题意识的过程中表现出了新气象。文化史是新时期史学研究中最早形成的热门研究领域，政治制度史和军事史也成为新的研究重点，民族史研究继续受到重视，中华民族多元一体的理论观点得到广泛认同。

这一时期，我国历史学的各个领域都呈现出繁花似锦的局面，无论是中国史、中共党史，还是世界史、史学理论研究以及各专门史，都有代表性著作问世。比如，在中国通史方面，有郭沫若主编的《中国史稿》（全七册）、范文澜著的《中国通史》（全十册）、白寿彝主编的《中国通史》（全十二册）、林甘泉主编的《中国经济通史》（全十六册）、龚书铎主编的《中国社会通史》（全八卷）、郑师渠主编的《中国文化通史》（全十卷）等。

在中国近代史方面，有刘大年主持、中国社会科学院近代史研究所编著的《中国近代史稿》（全三册），许涤新、吴承明主编的《中国资本主义发展史》（全三卷），李新、陈铁健主编的《中国新民主革命通史》（全十二卷），李新主编的《中华民国史》（全十二卷），张海鹏主编的《中国近代通史》（全十卷）等。

在中国现代史方面，有当代中国研究所著的《中华人民共和国史稿》（全五卷），中国二十世纪通鉴编辑委员会编著的《中国二十世纪通鉴（1901—2000）》（全五册）等。

在中共党史方面，有中共中央党史研究室编著的《中国共产党历史》（全二卷）和其所著的《中国共产党的九十年》（全三册）等。

在世界史方面，有吴于廑、齐世荣主编的《世界史》（全六卷），武寅主持的《世界历史》（全八卷），陈之骅等主编的《苏联兴亡史纲》，马克垚主编的《世界文明史》，何芳川等主编的《非洲通史》（全三卷），彭树智主编的《中东国家通史》（全十三卷），刘绪贻、杨生茂主编的《美国通史》（全六卷）等。

这些代表性著作集中体现了我国改革开放时期历史学发展的成就。

我国史学发展之所以在这一时期硕果累累，其中一个重要原因是中国特色社会主义事业蓬勃发展和综合国力极大提高，科技、文化繁荣昌盛。历史学和其他文化事业一样，得到了国家的大力支持。比如，自20世纪80年代末设立国家社会科学基金以来，基金总额逐年扩大，每年都有数以百计的历史学项目获得资助。国家还组织实施了一系列支持历史学发展的重大工程，如夏商周断代工程、中华文明探源工程、国家清史纂修工程、国家社科基金抗战研究专项工程等，对于当代历史学相关领域的研究起到了极大的推动作用。

20世纪90年代以来，中国史学人不断将马克思主义理论精髓融入工作与研究实际，并在唯物史观的指导下，摆脱西方历史解释框架的强势影响，在历史研究中建立着中国自己的话语体系，总结并构建基于本土经验的历史理论成为中国史学当下的迫切要求。

第四节
西方史学的演变与发展

    在长达 2 000 多年的西方史学的演变中，史家辈出，文献浩瀚，出现过形形色色的史学理论与方法论。面对庞杂的西方史学，我们需要找到一条主线索，这一线索源于西方史学自身的发展变化与西方社会的深刻变革。

    西方史学同中国史学一样，也具有悠久的传统。在世界史学漫长的发展过程中，根据不同时期史学发展的特征，我们可以粗略地把西方史学的发展历程划分为以下几个阶段：

一、古典史学

    古典史学即古代希腊罗马史学，创立于公元前 5 世纪的古希腊时代，古希腊的希罗多德、修昔底德是杰出的代表。其中，希罗多德被誉为"历史之父"，其代表作《历史》记录了他在旅行中的所见所闻以及波斯第一帝国的历史。修昔底德被誉为"历史科学之父"，其代表作是《伯罗奔尼撒战争史》，他摒弃此前用神的力量来解释历史的方法、对历史事件因果关系的探讨以及对史料的批判原则，都对西方史学的发展产生了长远影响。这一时期著名的历史学家还有古希腊的色诺芬、波里比阿，古罗马的凯撒、李维、塔西陀、阿庇安等，他们对西方史学的发展都有各自的贡献。其中，波里比阿所写的《通史》，叙述了被罗马征服的地中海所有重要国家，开创了最早的"世界史"体例。古典史学的传统持续到公元5世纪，以西罗马帝国的覆灭为标志。

二、中古时期史学

中古时期史学大约和欧洲中世纪同期，历时近1 000年。进入中世纪后，基督教的史学和神学史观占据欧洲史学统治地位，古典史学传统被迫中断。这一时期，圣·奥古斯丁和托马斯·阿奎那的宗教信条和神学体系作为官方哲学，束缚着人们的思想。总的来看，中古时期西方史学的发展是迟缓的，近千年内，欧洲没有出现可与古典时代著名史家媲美的大历史学家。但在这个时期，西方史学并非完全漆黑、乏善可陈。基督教史学，特别是圣·奥古斯丁的《上帝之城》，改变了古典史学的人本观念，企图用基督教的神学观念来解释历史，但拨开宗教神学的迷雾后，我们会发现其中有不少对后来西方史学产生深远影响的重要史学观念。其中，"进步"和"发展"的观念尤其值得重视。这种历史"进步"和"发展"的观念，不仅比古希腊时的"循环论""灾变论"要先进，而且对西方史学发展的影响更为深远。此外，中古史学发展还有一些值得关注的特点，如出现的"年代纪""编年史"体裁，逐渐取代古典时代流行的历史叙述体裁，保留了不少有价值的史料。另外，文选读本和历史教科书的流行，回忆录作为历史作品体裁的发展，城市编年史带有较多的世俗特征等，同样值得我们关注。

三、西方近代史学

西方近代史学从14世纪的文艺复兴开始，直至19世纪末，历时五六百年。

14世纪初以来，西方社会开始发生巨大的变化。资本主义生产方式出现后，新兴资产阶级在意识形态层面上向封建主义旧文化发起挑战。

文艺复兴是西方历史上发生的具有伟大转折意义的思想文化运动。其时，史学也面临着"重新定向"。当时的一批人文主义史学家复兴了古典史学的传统模式，并在新时期中发展了这种传统。这样，西方史学又一次把"人"置于历史发展的中心地位，西方资产阶级史学发展的序幕由此拉开。值得一提的是，这一时期印刷术的流行对人文主义史学的发展也起到了重要作用。

17、18 世纪的启蒙运动对西方史学影响巨大，以理性主义为指导思想的西方史学成果斐然。理性主义史学继承和发扬了人文主义史学的传统，并继续向前推进。理性主义史学家从"共同人性"出发，努力探求社会历史发展的规律，坚信历史不断向前发展并拥有光辉的未来。法国的伏尔泰被称为理性主义史学的奠基者，他从承认人类命运的一致性出发，要求对所有民族的历史进行比较研究并建立人类的全部历史。卢梭创立了关于人的自然状态的理论，认为在历史发展伊始，人类只是自然的一部分。孔多塞提出了人类理性不断进步的观念，强调人类历史过程是从低级社会形式向高级社会形式上升的运动。孟德斯鸠提出自然地理环境影响社会发展的学说。德国康德的历史哲学研究，对西方历史思想的发展起了重要作用。英国的威廉·罗伯逊和吉本都是当时有名的历史学家，吉本的《罗马帝国衰亡史》更成为传世名著。

过分强调理性或纯理性，会在无形中形成思想牢笼，非理性的人的情感自然就受到压制。18 世纪末出现的浪漫主义思潮就是对理性主义的反抗，浪漫主义史学应运而生。站在史学发展的角度，有一点需要特别指出，即浪漫派强调所有历史时代之间是存在内在联系的，批评启蒙学者的理性主义史学对待中世纪的非历史态度。他们提出，每一个民族的当前状态是长期缓慢的历史发展的产物。正是在浪漫主义史学的影响下，西方史学加强了对中世纪史的研究。

19 世纪被称为"历史学的世纪"。19 世纪，西方资本主义社会高歌猛进，历史的进步观念达到极盛，此时，西方史学获得了长足的进步，学科发展呈现出高度专业化和职业化的特征，并逐渐成为一门独立的学科。19世纪最重要的史学思潮有客观主义、实证主义以及历史主义（主要在德国）。这些史学思潮虽然各有特点，但都具有一定的相对性。

四、20世纪前后西方史学的新变化

到19世纪末，西方社会的动荡引起了思想界的困惑与不安，尼采的失望便是这一时期西方社会与思想界的一种典型的反映。第一次世界大战的爆发极大地震撼了西方世界，警醒人们丢弃昔日的幻想，正视正在变化的现实。在史学界，某些传统史学观念重新受到审视，西方诸国新史学思潮勃发，历史观念从思辨的开始向批判的、分析的历史哲学转变。

第二次世界大战后，整个世界发生了更加深刻的变革，国际史学发生了转向。西方史学的发展与演变令人眼花缭乱，但总的发展趋势依然是从传统史学走向新史学，步伐也更迅捷了。二战后，西方史学中新与旧、变革与保守之间的抗衡未曾中断，即使当新史学势力正盛的时候，传统史学也没有销声匿迹，而马克思主义史学与西方新史学展开的对话，亦对西方史学的发展产生了越来越深刻的影响。

综上所述，我们可以发现，随着现代社会发展步伐的加快，史学变化的速度也加快了。在古代，这种重大转折往往要以千年计。从文艺复兴到19世纪末西方史学的变革，其间有500年左右；但在20世纪，只用了半个世纪，史学的重大转折就发生了。到20世纪70年代，当代西方史学又发生了一些新变化。美国史学家伊格尔斯对此曾做出论断："在历史编纂学的方法上，它从精英们的身上转移到居民中的其他部分，从巨大的非个人的结构转移到日常生活的各个方面，从宏观历史转移到微观历史，从社会史转移到文化史。"[1]

可见，历史学的新陈代谢同大千世界的变化规律一样，都是不可抗拒的：那便是顺时代潮流者兴，逆时代潮流者衰。

---

① [美]格奥尔格·伊格尔斯：《二十世纪的历史学：从科学的客观性到后现代的挑战·中文版序言》，何兆武译，沈阳：辽宁教育出版社，2003年，第3页。

　　历法是人们安排计量时间的方法。有了历法，人们就可以更好地利用相应的时间节点，顺利地进行生产生活。历史地图是借助图示符号，以平面的形式来反映人类历史发展的专题地图。通过历史地图，我们可以更好地了解史事的某些特征及发展过程。姓名是人们在社会生活交往中与他人相区别的文字符号，通常由姓、氏、名、字组成。我们在了解历史时，会经常接触人物的姓名以及"称呼"或"称谓"，这些文字符号可以帮助我们串联起相关历史事件或发展脉络。

　　通过本章的学习，我们应知道有关历法的知识，了解主要的历史纪年方法；了解历史地图的种类、特点及作用，以及古今地名的变化情况，能够尝试制作有关的历史地图和历史年表；知道中外人物的姓、名及称谓方式，了解我国古代在称谓方面的一些用法。

第一节
历法与历史纪年方法

马克思主义认为，时间和空间是物质运动的存在形式。宇宙中的万物无一不处在一定的时间和空间之内，一切历史事件都发生在一定的历史时空中。时间和空间是历史发展过程的两个最基本的属性，被认为是学习历史的"两只眼睛"。

由此，在学习和研究历史的过程中，我们经常会使用历法、纪年法（如公元纪年法、年号纪年法、民国纪年法等）、历史分期法（如世界近代史、中国近代史等）等时间表达方式以及时间轴、大事年表等历史学习工具。

一、历法时间与历史时间

（一）历法时间

历法时间是指用年、月、日等连续的、累积的、均衡的排列来表示的时间，具有客观性的特点。历法时间无法反映历史事件发生、发展的原因及本质。

比如，下表是英国主要进出口品分类统计表（1701—1894）：

（单位：100万英镑）

年份	原材料和初级产品		工业制成品	
	进口	出口	进口	出口
1701	2.0	0.4	1.8	3.6
1724	2.4	0.4	1.9	3.8
1754	3.0	0.6	1.8	6.4
1774	4.1	0.7	2.2	8.5
1784	9.6	0.9	2.1	10.7
1794	15.4	0.8	2.5	19.0
1804	27.4	1.1	1.7	33.8
1814	36.4	1.5	0.7	38.0
1824	35.5	1.0	0.9	32.6
1834	47.7	2.5	1.9	42.1
1844	51.0	5.2	3.5	51.4
1854	89.4	6.6	11.6	85.3
1864	165.3	10.4	25.3	142.7
1874	173.4	23.7	47.1	205.3
1884	169.0	24.6	59.6	196.6
1894	156.4	30.6	75.3	173.5

——据［英］B. R. 米切尔《英国历史统计资料》等

表中所列"年份"使用的是公元纪年法，即1701，…，1894均为"历法时间"。

（二）历史时间

"历史时间"是与"历法时间"相对的概念，是人们在历史研究的过程中提出的，具有阶段性、主观性的特点。

例如，对于上述的历法时间，我们可以根据"不同时期生产力的发展水平状况"这一尺度将其划分为"工场手工业时期（1701—1754）"和"机器大工业时期（1774—1894）"。

二、历法

"历法"就是人们安排时间的计量单位（年、月、日）的方法。比如，我们在纪年时，我国古代有干支纪年法、年号纪年法，近代有民国纪年法等；我们在纪日时，公历中有大家熟悉的星期制度等。

如果没有历法，人类就很难分清年、月、日，就无法合理地安排生产、生活、工作和学习。因此，历法是人类社会生活中所必需的。

（一）我国历法的由来

"历"的繁体字写作"曆"，而"曆"又是从"歷"分化而来，二者都是"历"的繁体字。"歷"的甲骨文写作"🌿"，上部是"秝"，表示禾苗稀疏合宜，下部是"止"，即一只脚，上下连起来表示人穿过田禾间。也就是说，"歷"的本义是"经过"，而"曆"专指日月之行，后又引申为记载年、月、日的书、表。

上古时期，人们在采集和渔猎的过程中产生了"日"的概念，人们把太阳升降的一个周期定为"日"。同时，根据太阳升起和降落的不同方位确定了东、西两个方向，并根据每天太阳所处最高位置的情况，区分出了南和北。经过长时间的观测，人们发现月亮的盈亏周期为三十日，并将其规定为"月"。农业耕作产生后，人们发现寒来暑往的季节变化与播种、收获的时间有着密切的关系，于是根据草木枯荣与气候冷暖交替的规律，规定了更长的时间单位——"年"。就这样，人们根据周期变化的日、月、年与每个时间段的不同特点来安排不同的农牧活动，不断推动着农牧业生产的发展。

总之，历法的产生和农牧业生产的需要密切相关。正是因为有了历法对农牧业活动等的正确指导，才保证了相应的收获。而农牧业的发展对时间、气候具有一定的依赖性，因而推动了人们对天文的观察探测和对历法的补充完善。

（二）历法的种类

地球自转一周（即一个昼夜循环）为一"日"；月相盈亏变化的一个周期为一"月"；太阳直射点在南、北回归线之间往返移动的一个周期为一"年"。

1 年约等于 365.242 2 日，1 月约等于 29.530 59 日，它们都不是"日"的整数倍，不能被直接用于编制历法。因此，需要合理调整年、月和日之间的关系。经过调整后，历法中的"年"和"月"均为"日"的整数倍，我们把"年"叫"历年"，把"月"叫"历月"。由于调整方法不同，于是形成了不同的历法。

世界上的历法可以分为三类：阳历、阴历和阴阳历。

1. 阳历

"阳历"全称"太阳历"，是以地球绕太阳公转的周年运动为基础制定的历法。阳历的特点是年的长短根据天象确定，月的长短由人为确定。

现行公历是阳历的典型代表，源于古埃及。古埃及人在长期的生产实践中积累了许多经验，他们发现尼罗河的泛滥周期大约为 365 天，而在每年 6 月的某一天，当尼罗河潮头到达开罗时，天狼星便会与太阳同时升起。于是，他们便把天狼星与太阳同升的这天，定为每一年的开端。他们又把 1 年分为 12 个月，每个月 30 天，年末再加 5 天作为节日，全年共计 365 天。

埃及的太阳历与地球围绕太阳公转一周的时间相差约 1/4 天，经过 4 年的累积便会相差 1 天，经过 730 年的累积便会相差半年，再经过 730 年的累积，才能回到原来的起点。

公元前 46 年，古罗马统帅儒略·恺撒以古埃及的太阳历为基础，编制出新的历法。他把自己的出生月（7 月）改用他的名字 Julius（音译

"儒略")来命名，每年 12 个月，大、小月相间。单月为大月，每月 31
天；双月为小月，每月 30 天。每 4 年设置一个闰年，闰年的 2 月为 30
天，全年共计 366 天；非闰年的 2 月为 29 天，全年共计 365 天。这部历
法避免了古埃及历法中每年 1/4 天的误差，被后人称为"儒略历"。

儒略·恺撒遇刺身亡后，僧侣们在执行这一历法时出现失误，自
公元前 42 年至公元前 9 年，共比规定的多设置了 3 个闰年。公元前 27
年，屋大维下令，从公元前 8 年到公元 4 年不设置闰年，以此抵消之前
多设置的 3 个闰年。从公元 8 年起，恢复每 4 年设置 1 个闰年的做法。同
时，他对儒略历进行了一些调整：把自己的出生月（8 月）改用他的称
号 Augustus（音译"奥古斯都"）来命名，并将 8 月改为大月，把 9 月和
11 月改为小月，把 10 月和 12 月改为大月，还调整了月长。调整之后，
年、月、日的设置就变成了歌诀中所说的：一三五七八十腊，四六九冬
三十天，平年二月二十八，闰年二月二十九。

儒略历在公元 325 年到公元 1582 年间逐渐形成了 10 天的累积误差，
元旦和冬至之间不再是间隔 10 日，而是 20 日。1582 年，罗马教皇格里
高利十三世针对这一情况对儒略历进行了改革，规定 1582 年 10 月 4 日
的后一天为 1582 年 10 月 15 日，如下图：

10月
1582年

日	一	二	三	四	五	六
30	1	2	3	④	15	16
17	18	19	20	21	22	23
24	25	26	27	28	29	30
31	1	2	3	4	5	6

这样做使得冬至和元旦之间的间隔恢复为 10 日。此外，他还规定公
历年份（世纪年除外）能被 4 整除的为闰年，但世纪年还必须能被 400 整
除才是闰年，以避免累积误差。这样修改后，公历更为精确，约 3 000 年

才会出现 1 天的误差。

后来，格里高利历法陆续被世界各国采用，成为当今世界上各国共同采用的公历。1949 年，中华人民共和国中央人民政府发布通令，明确以格里高利历法为国家历法，并采用公元纪年，同时保留中国农历。

这里再做些补充。俄历也就是"沙俄历法"，即儒略历，虽然罗马教皇格里高利十三世对儒略历进行了改革，下令改用新历（即今"公历"或"阳历"），但当时的俄国仍坚持使用儒略历。后来，沙皇彼得一世（1682—1725 在位）进行历法改革，继续采用屋大维修订的儒略历，并从 1700 年 1 月 1 日起实行。

俄历与公历相比，1700 年 3 月至 1800 年 2 月迟了 11 日，1800 年 3 月至 1900 年 2 月迟了 12 日，1900 年 3 月至 2000 年 2 月迟了 13 日。所以，公历 1917 年 11 月 7 日发生的十月革命，俄历却为 10 月 25 日。十月革命后，苏维埃政府决定从 1918 年 2 月 14 日改用公历，停用旧历，但东正教计算日子以及确定节日时，仍用沙皇俄国时期使用的古历。

中国的俄罗斯族平常多用公历，受汉族和锡伯族影响较大的家庭在过春节、中秋节或选择吉日时也会用农历，在欢度与东正教有关的各种节日时，会用俄历。

2. 阴历

"阴历"全称"太阴历"，是人们根据月相的盈亏变化规律而制定的历法，也是世界上各民族最早使用的一种历法，最早出现在两河流域。历史上，古希腊人的历法和伊斯兰历都属于阴历。

阴历把 1 年分为 12 个月，包括 6 个大月（每月 30 天）和 6 个小月（每月 29 天），全年共计 354 天，少于一个太阳年的时间（即 365.242 2 日）。

因此，阴历的"年"较太阳年有所提前，每过 3 年就会和实际的太阳年相差约 1 个月的时间，每过 17 年就会和公历相差半年，误差比较大，而且每年的起止时间也不固定。由于阴历会对日常农业生产和生活带来不便，大多数国家已不再使用阴历，但仍有少数伊斯兰国家在使用这种历法，比如伊斯兰历。

伊斯兰历在我国也被称为"回历"。相传，伊斯兰历是为纪念穆罕默德而制定的。人们把穆罕默德从麦加城出走麦地那的 622 年定为伊斯兰教纪年的元年，把他出走麦地那的第二天（7 月 16 日）定为元旦。伊斯兰历和公历年份的换算比较复杂，无法对等换算。以公元 2021 年为例，如果换算成伊斯兰历，过程为：

$2021 - 622 = 1399$（年）　　　$1399 \div 2.7 \approx 518.148$（月）

$518.148 \div 12 \approx 43.179$（年）　　　$1399 + 43 = 1442$（年）

注：伊斯兰历是纯阴历，按照公历年和阴历年的时间差，平均每 2.7 个公历年就要比伊斯兰历多出 1 个月。

阴历的优点是能够对潮汐时间做出比较准确的预测，对安排渔业生产有一定的积极作用。

3. 阴阳历

"阴阳历"是既按月相变化周期定月，又按寒暑节气变化周期定年，以闰月调整它们之间关系的历法。阴阳历需要同时协调历年和回归年、历月和朔望月两方面的关系，既要顾及一年中的春夏秋冬，又要维护一月中的晦朔弦望，是历法中最复杂的一种。

我国是世界上最早使用阴阳历的国家。我国古代每年的历书由皇帝审定后颁行，故称"皇历"，也称"黄历"。辛亥革命前，除太平天国颁行的《天历》不置闰月、不计朔望外，其余历代颁行的历法都属于阴阳历。

在阴阳历中，历年的平均值大致等于回归年，历月的平均值基本等于朔望月。大月 30 日，小月 29 日，每月以月相为起讫：平年 12 个月，全年 354 日或 355 日，比回归年平均约少 10.875 12 日（365.242 2 - 29.530 59 × 12），累积 3 年后需增加 1 个闰月，余下的再累积 2 年后，又增加 1 个闰月，这样进行下去，经过 19 年，可加 7 个闰月。闰年 13 个月，共 384 或 385 日。

阴阳历既保证了每月十五为月圆日，又避免了阴历过年时间不固定的问题，是我国古代先民智慧的结晶。

但是，阴阳历"十九年七闰"的设置，依旧不利于人们掌握农时。于是，到了战国时期，古人通过对黄河流域气候的观测，正式创立了二十四节气。古人依据"地心说"的原理，将太阳一年中运行的路线设想成一个封闭的圆圈，称为"黄道"（亦称"天体赤道"），再将"黄道"分作 24 等份，每一等份为一个节气，平均间隔 14 天左右，从而确立了"二十四节气"。

二十四节气的顺序和名称是：正月立春、雨水，二月惊蛰、春分，三月清明、谷雨，四月立夏、小满，五月芒种、夏至，六月小暑、大暑，七月立秋、处暑，八月白露、秋分，九月寒露、霜降，十月立冬、小雪，十一月大雪、冬至，十二月小寒、大寒。

后人为了便于记忆，又将其改编为歌诀：春雨惊春清谷天，夏满芒夏暑相连。秋处露秋寒霜降，冬雪雪冬小大寒。每月两节不变更，最多相差一两天。上半年来六廿一，下半年是八廿三。

节气能直观反映季节和气候的更替与变化，与历法相配合，能更好地指导农业生产。因此，节气成为中国古代历法的重要组成部分。

三、历史纪年法

（一）纪年法的含义

"纪年法"就是记载年份的方法。常见的纪年法有王号纪年法，如"桓公二年"；年号纪年法，如"庆历四年"；干支纪年法，如"戊戌年"；生肖纪年法，如"猴年"；公元纪年法，如"2022 年"；民国纪年法，如"民国二十六年"；等等。

在我国古代的史籍中，有准确的纪年是从西周共和元年（前 841）开始的。司马迁在《史记·三代世表》中说："五帝、三代之记，尚矣。"就是说五帝和三代（夏、商、周），年代太过久远，国家的史事无法编列出来。所以，司马迁只能根据《五帝系谍》《尚书》等记录的黄帝以来到西周共和元年的世系，写成非常简略的《三代世表》。

例如，《史记·十二诸侯年表》起于西周共和元年（前841），终于东周敬王四十三年（前477），共365年，逐年列出了周、鲁、齐、晋、秦、楚、宋、卫、陈、蔡、曹、郑、燕、吴等国国君的世次和纪年，并把各国发生的重要事件，择要写在年表相应的年次之下。这样，从西周末期到春秋末期的重要历史事件就有了明确的时间依据。又如，《史记·六国年表》起于周元王元年（前476），终于秦二世三年（前207），逐年列出了周天子和战国七雄——秦、魏、韩、赵、楚、燕、齐等国国君的世次、年次和大事。这样，从战国初年到秦朝末年的历史事件也有了明确的时间依据。

（二）常见的纪年法

1. 王号纪年法

"王号纪年法"也称"年次纪年法"或"王公即位年次纪年法"，是按照国君即位的年次来纪年的方法，以元、二、三等的序数递记，直到新君即位改元。这一纪年法常见于春秋战国时期，例如，《左传·僖公二十八年》记载："二十八年春，晋侯将伐曹。"这里的"二十八年"指鲁僖公二十八年。

王号纪年法是我国古代最早的纪年方法。从西周共和（《史记·周本纪》中记载，"召公、周公二相行政，号曰'共和'"）元年到汉景帝去世（前141），均以历代君主在位的年次顺序递记，直至他们死亡或退位。

《普通高中教科书·历史·必修·中外历史纲要（上）》（2019年版）[以下简称《中外历史纲要（上）》（2019年版），下册同使用简称]中使用王号纪年法的时间表述举例：

课题	位置	表述	页码
第1课　中华文明的起源与早期国家	历史纵横·宗法制	桓公二年	7
第2课　诸侯纷争与变法运动	历史纵横·华夏认同	定公十年	10

2. 年号纪年法

"年号"是古代帝王用来纪年的名称，它是一个政权的标志和象征，是否使用某个年号，是判定是否承认该政权的标准。因此，新政权建立必定要另立年号，以表示新时代的开始。

年号的使用一方面是为显示皇帝威仪，另一方面是为了避皇帝讳，以便臣民称呼、计算皇帝的在位年数。汉武帝刘彻即位后，正式采用年号纪年，此后为历代仿效。年号纪年法从汉武帝开始使用，一直沿用至清帝退位。

古代帝王使用的年号，在开始时没有字数限制，从两三个字到五六个字不等，一个帝王在位时期数次更换年号的情况也不少见。到了明清时期，皇帝的年号都是两个字，而且基本只有一个年号，因此，人们习惯用年号来指称特定的明清皇帝，如洪武、永乐、崇祯、顺治、康熙、雍正、乾隆等。

皇帝即位时或在位期间更换年号称为"改元"。"改元"的原因有很多，有的是新君即位，有的是灾害、奇特自然现象出现，还有的是非法手段获取帝位，通过改元以示顺应天意等。由于"改元"的存在，在历史上就出现了一个皇帝有多个年号、多个皇帝年号相同、皇帝在位期间同一年有多个年号的现象。因此，在学习历史的过程中，遇到中国古代帝王的年号时，需要区分朝代和皇帝。

清末，革命党人反对使用君主的年号纪年并开始采用黄帝纪年，以1905年为黄帝4603年。1912年中华民国南京临时政府成立时，通电各省，采用公历，以中华民国纪年，以黄帝纪年4609年11月13日（1912年1月1日）为中华民国元年元旦，并停止使用黄帝纪年。

《中外历史纲要（上）》（2019年版）使用年号纪年法的时间表述举例：

课题		位置	表述	页码
第5课	三国两晋南北朝的政权更迭与民族交融	学思之窗	至于元嘉末……	28
第6课	从隋唐盛世到五代十国	正文	"贞观之治""开元盛世"	33
第7课	隋唐制度的变化与创新	学思之窗	盛于贞观、永徽之际	39
第9课	两宋的政治和军事	史料阅读	《嘉祐集》	50
第10课	辽夏金元的统治	正文	"大定之治"	56
第11课	辽宋夏金元的经济与社会	史料阅读	元丰元年十二月	61

3. 干支纪年法

"干支"即天干与地支的合称，天干包括甲、乙、丙、丁、戊、己、庚、辛、壬、癸，地支包括子、丑、寅、卯、辰、巳、午、未、申、酉、戌、亥。据《史记·律书》和《汉书·律历志》，天干和地支依次排序，皆有万物生、长、化、收、藏和再生长的含义，所以古人常用天干、地支表示时间、方位等。

干支纪年法就是用10个天干和12个地支按顺序依次搭配成60对组合，每对组合代表1年，60年一个循环，它们分别是：甲子、乙丑、丙寅、丁卯、戊辰、己巳、庚午、辛未、壬申、癸酉、甲戌、乙亥、丙子、丁丑、戊寅、己卯、庚辰、辛巳、壬午、癸未、甲申、乙酉、丙戌、丁亥、戊子、己丑、庚寅、辛卯、壬辰、癸巳、甲午、乙未、丙申、丁酉、戊戌、己亥、庚子、辛丑、壬寅、癸卯、甲辰、乙巳、丙午、丁未、戊申、己酉、庚戌、辛亥、壬子、癸丑、甲寅、乙卯、丙辰、丁巳、戊午、己未、庚申、辛酉、壬戌、癸亥。

一般认为，干支纪年法始于汉朝，沿用至今。我国古代的史书常用干支纪年法，一些重大事件的名称也源于这种纪年法，如甲午中日战争、戊戌变法、《辛丑条约》、庚子赔款、辛亥革命等。

其实，"地支"可单独用来计时。古人把一天24小时分为12个时辰，分别用十二地支来指代。如：子时是指现在夜晚11时到凌晨1时，然后依次是丑、寅、卯、辰、巳、午、未、申、酉、戌、亥，1个时辰对应现在的2个小时。比如，卯时就是现在凌晨的5时到7时。旧时，官府一般在这个时间段检查到班人数，即我们常说的"点卯"。

《中外历史纲要（上）》（2019年版）使用干支纪年法的时间表述举例：

课题	位置	表述	页码
第17课 国家出路的探索与列强侵略的加剧	子目	边疆危机与甲午中日战争	97
第18课 挽救民族危亡的斗争	正文	《辛丑条约》	105
第19课 辛亥革命	标题	辛亥革命	108

4. 生肖纪年法

"生肖纪年法"是指使用鼠、牛、虎、兔、龙等十二生肖来纪年的方法。这种纪年法，首先在西北游牧民族中使用。后来，随着游牧民族与中原农耕人群的交融，十二生肖开始与十二地支相结合。

"生肖"是与十二地支相配以便记人出生年份的12种动物，也叫"属相"，一个人出生后，就有一种固定的动物作为他（她）的生肖。十二生肖和十二地支搭配，组成了子鼠、丑牛、寅虎、卯兔、辰龙、巳蛇、午马、未羊、申猴、酉鸡、戌狗、亥猪，12年构成一个循环。例如，2022年（春节后）是农历壬寅年，"寅"和"虎"搭配，所以在农历上也称"虎年"，出生在这一年的人的生肖就是"虎"。同样，2010年（春节后）出生的人的生肖也是"虎"。

至于十二生肖为什么是这样的排列顺序，民间说法不一。有一种说法认为：生肖排列的顺序与其出没时间及活动规律有关。子时，老鼠活动最频繁；丑时，牛反刍，便于清晨犁地；寅时，老虎最凶猛；卯时，月亮还在照耀大地，传说中的玉兔在月宫中捣药；辰时，群龙行雨；巳时，蛇隐于伏草，易出没；午时，阴气即将产生，马是属阴的动物；未时，羊吃草，却不耽误草的生长；申时，猴子喜欢啼叫；酉时，鸡开始回窝；戌时，狗开始看家守夜；亥时，猪睡得最熟。

5. 公元纪年法

"公元纪年法"也称"公历纪年法"。"公元"即公历的纪元，是将传说中耶稣诞生的那一年作为纪年第一年的纪年方法。该纪年法把耶稣诞生的那一年定为公元元年（即公元 1 年），不设 0 年。此前 1 年称公元前 1 年，此后 1 年称公元 2 年，以此类推。

公元前的年份，数字越大，说明距离现在的年代越久远；数字越小，则反之。公元后的年份，数字越小，说明距离现在的年代越久远；数字越大，则反之。

在表述公元前与公元后的时间时，一般可省略"公元"两字，但公元前的"前"是不能省略的。例如公元 1945 年，可直接写为"1945 年"，但公元前 1945 年，只能简写成"前 1945 年"（或"前 1945"）。

计算公元年份的时间差距时，如果两个年份都处于公元前或公元后，那么两个年份的时间差距就是两者直接相减；如果一个处于公元前，另一个处于公元后，由于没有公元 0 年，所以两个年份的时间差距是两者相加后的得数再减去 1 年。

公元纪年法能够充分体现历史的连续性，因此，世界上大多数国家均采用这种纪年法。历史教材上的各个年份一般也都用公历来表示。

6. 民国纪年法

民国纪年法是以中华民国成立的 1912 年作为纪年元年的纪年方法，是辛亥革命以后中华民国时期通用的纪年方法。民国纪年中的年份是指中华民国成立的年数。

民国纪年和公元纪年年份互换的方法是：公元纪年＝民国纪年＋1911；民国纪年＝公元纪年－1911。如1937年，就是民国二十六年。

（三）公元纪年法中常用的纪年单位

1. 年代

公元纪年法规定1个世纪为100年，每个世纪又分为10个单位，每个单位是10年，称为1个年代。如：1980年到1989年的10年称为20世纪80年代。每个世纪最初的10年左右，一般称"世纪初"，最后10年左右，一般称"世纪末"。

世纪之交即上一世纪的最后10年和下个世纪的最初10年，一般称为"××世纪末到××世纪初"。如"19世纪末20世纪初"指的是1890年到1909年之间的20年。

2. 世纪

世纪是公元纪年法的纪年单位，100年为1世纪。如：公元1年到公元100年为公元1世纪，公元101年到公元200年为公元2世纪，以此类推。

一个世纪可分为两个阶段或三个阶段。如果分为两个阶段，就是把一个世纪分为前半期和后半期（亦称上半期和下半期或上半叶和下半叶）；如果分为三个阶段，就是把一个世纪分为早期、中期、晚期。

3. 千纪

在世界古代史的学习中，我们经常会碰到"千纪"这个纪年单位，1千纪大约是1 000年。公元前1000年到公元前1年是公元前1千纪，公元前2000年到公元前1001年是公元前2千纪，以此类推。

4. 万年

"万年"是在叙述原始社会时期的历史时常用的纪年单位，一般前面加上"距今约……"。例如，北京（直立）人生活于距今约70万至20万年前。

四、历史年表及其制作

历史年表就是将史事按照发生的时间顺序加以排列的表格。我们利用历史年表可以了解史事发生、发展过程中的纵向联系，以及与同时代的其他史事之间的横向联系，弄清历史发展的基本线索，从而方便记忆历史知识。

制作历史年表，首先要全面了解某一历史时期的历史发展过程，其次要确定这一时期的重大历史事件，最后根据实际需要，确定历史年表的具体类型并进行绘制。

常用的历史年表有以下几种类型：

（1）朝代顺序表，即按时间顺序把某国朝代的兴替制成图表。《中外历史纲要（上）》（2019 年版）附录中的"中国古代朝代表"属于此类。

（2）大事年表，即按时间顺序把重大史事排列起来，编制成表。《中外历史纲要（上）》（2019 年版）附录中的"中国古代史大事年表""中国近代史大事年表""中国现代史大事年表"与《中外历史纲要（下）》（2019 年版）附录中的"中外历史大事年表"属于此类。

（3）时间轴，即把某一历史时期的史事，按其发生的时间顺序依次排列在数轴上等。比如，我们在时间轴上标出"先秦时期"包含的各个朝代，并标出其中的重要历史知识，如下图：

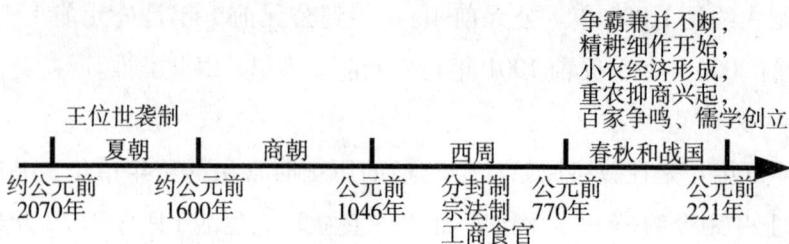

第二节
历史地图的知识和识读方法

任何历史事件都有其发生的特定地点，任何历史人物也都生活在特定的地理环境中。我们在对历史事件所处的空间位置、空间环境的了解中，形成了历史空间思维。

一、空间及其分类

（一）自然空间

"自然空间"指的是历史事件发生的自然场所、历史人物生活区域、环境等，它最常用的表达形式是历史地图。

例如，《中外历史纲要（上）》（2019 年版）第 1 课"中华文明的起源与早期国家"中的《中国旧石器时代重要人类遗址分布图》，展示了我国早期人类分布的自然空间。《中外历史纲要（下）》（2019 年版）第 5 课"古代非洲与美洲"中的《美洲文明分布示意图》，展示了美洲早期文明分布的自然空间。

（二）历史空间

"历史空间"指的是与历史事件、历史人物的活动相关的经济、政治、文化及社会环境等状况。

例如,《中外历史纲要(上)》(2019 年版)第 5 课中的《三国鼎立形势图(262 年)》《西晋末年内迁少数民族分布与北方流民南迁示意图》《东晋十六国形势图》《北齐、北周、陈对峙形势图》四幅图片,对应魏晋南北朝时期有关政治、军事、社会、民族关系等方面的状况,则构成了三国两晋南北朝的政权更迭与民族交融的历史空间。

二、历史地图的含义及分类

(一)历史地图的含义

历史地图是我们借助图示符号以平面的形式来反映人类历史发展进程中史事发生的地点、地理条件及其变化过程等历史信息,进而从空间的角度扩展史事形成的专题地图,是我们形成历史空间观念的基础。

人们通过历史地图可以生动、形象地了解一个国家在历史发展过程中政权的更迭、行政区划的设置、地名的更换、河道海岸的变迁,以及生产、交通、城市、文化、战守险要形势发展变化等信息,从而更好地了解史事的某些特征、原因及结局。

西晋裴秀所著的《禹贡地域图》,是世界上有文字记载的最早的一部以历代政区沿革为主的历史地图集,但是图已失传。我国现存最早的一部历史地图集是北宋时期的《地理指掌图》,亦称《历代地理指掌图》。

(二)历史地图的分类

根据所反映的内容差异,历史地图可分为综合类地图和专题类地图。综合类地图是综合反映某一历史时期世界或某个国家及地区多种内容的地图;专题类地图是反映某一历史时期某一个专门方面的历史情形的地图,如《中国旧石器时代重要人类遗址分布图》《春秋列国形势图》《元朝运河、海运路线图》《三角贸易示意图》等。

《中外历史纲要（上）》（2019 年版）共有历史地图 41 幅，其中：

类型	示意图	分布图	形势图	路线图	疆域图
数量	16	3	19	2	1

《中外历史纲要（下）》（2019 年版）共有历史地图 36 幅，其中：

类型	示意图	分布图	形势图	疆域图
数量	21	2	11	2

三、历史地图的内容

历史地图的组成要素，一般包括图题名称、图例符号、图注说明和图幅结构等四部分。

（一）图题名称

图题名称就是历史地图的名称，主要揭示历史地图所反映的史事内容，是对历史地图内容的高度概括，历史地图的其他要素都围绕着图题名称来组织和展示，是历史地图的核心。

比如，《中外历史纲要（上）》（2019 年版）第 1 课 "中华文明的起源与早期国家"中的《西周分封示意图》，其中的"西周分封示意图"就是这幅历史地图的图题名称。

历史地图的图题名称一般与历史教材中有关史事空间内容的记述相联系，是连接历史教材和历史地图的桥梁，是构成历史知识从文到图的纽带。

（二）图例符号

历史地图的图例符号就是反映史事要素的图像符号，类似于地理地图中的图示符号。只不过地理地图中的图示符号是相对固定的，而历史地图中的图例符号则是灵活多样的，甚至在不同历史地图中会"同形异义"。

一般情况下，历史地图中的图例符号具有象征意义，能够在一定程度上体现史事的主要特征。历史地图中的图注说明是对图例符号的注释。

如《中外历史纲要（上）》（2019 年版）第 3 课"统一多民族封建国家的建立"中的《陈胜、吴广起义示意图》，其中的"火炬""红色箭头""红旗""粉红色阴影""交叉的大刀"等都是图例符号。

图例符号可以反映史事发生的地点、地理环境等信息，认识了图例符号便可以借助联想、判断和归纳等思维形式去认识、理解和掌握历史地图的史事空间内容。

（三） 图注说明

图注说明指的是历史地图上的标注和各种文字，用来说明图例符号所代表的意义。一般与符号、各种划线、颜色等相配合，用来表现地图要素的名称、意义和数量等。

图注说明主要有名称注记和说明注记等。名称注记如河流、长城等；说明注记有图例说明、比例尺等。

图注说明是对地图内容的解释，可以帮助学生更好地理解地图的内容。

（四） 图幅结构

图幅结构指的是历史地图的总体面貌，是历史地图的主体。图幅结构设计要根据图题反映的核心和相关历史要素，选取恰当的地理空间，规划好地图尺寸，利用图例符号、图注说明等工具，描绘出直观、可感的图示。人们通过观察图幅，与相关文字介绍结合，形成对相关历史现象的空间存在的整体把握，加深对历史的理解。

四、历史地图的识读方法

（一） 明确认知对象

首先，通过观察并结合历史地图的名称和所学基础知识，明确历史地图所反映的历史知识，从而明确认知对象。

（二） 熟悉图例

在阅读一幅历史地图前应该先熟悉该图的图例符号。在历史地图中常见的有表示边界的虚线，表示河流的线条，表示城市的圆圈形图案，这些是比较基础的图例。还有一些图例是某些历史地图所特有的，如在一些起义路线行进图中，会用不同颜色区分不同路线的方向，还有表示起义位置的红色旗帜等，这些都属于用特定的符号来表示相应的意义。在复杂的战争示意图中就必须要根据相应的图例读懂战争形势。

（三） 联系相关的历史知识

历史现象、历史事件的发生都是有因可循的，我们在识读历史地图时，要联系和借助与历史地图所反映内容相关的历史知识，对地图进行分析。有时，也会用到历史地名方面的知识。比如有些历史地名，由于政治上的变迁而发生名称的更改。如现在的北京，明清时称北京（亦称京师），1928 年称北平特别市，1930 年称北平市，同年改称北平直辖市，1937 年称北京，1945 年改称北平，1949 年中华人民共和国成立后，又改称北京。

五、历史地名及其演变

历史地名是历史地图中的重要内容，它和历史地图中的图例符号一起标识着史事的空间内容。

历史地名的命定并不是随意的，一般都有一定的根据，其命名主要有两大类型：一是依据地理特征命名，如"陇西"即"陇山之西"，"临洮"即"地临洮水"等；二是根据当地发生的人文历史现象命名，如"吴起镇"得名于战国时魏国大将吴起曾在此驻兵，"玉门关"得名于此地为西域玉石输入中原的关隘；"烟台"得名于此地曾在明代设狼烟墩台，防范倭寇；"景德镇"得名于宋真宗"景德"年号等。历史地名在一定程度上可以反映某些历史细节或史事发生的背景，熟悉其含义有助于学生开阔视野、加深记忆等。

另外，由于受到各种社会因素的影响，历史地名也经常会被更改。例如，为避晋愍帝司马邺之讳，"建邺"被改称"建康"；唐玄宗将"鹿泉县"改称"获鹿县"，喻指俘获安禄山；宋高宗曾暂时定都杭州，于是将"杭州"改称"临安"；1928年，南京国民政府北伐，推翻北洋军阀的统治，将"北京"改称"北平"等。也有一些历史地名，命定后一直没有发生改变，如"邯郸""成都"等。

六、历史地图的制作

学会绘制简易历史地图，并结合历史地图学习历史，既可以培养学生识读历史地图的技能，又有助于学生理解历史知识。

绘制简易历史地图，既要熟悉历史地图的组成要素以及具有地理标尺意义的地形地物，如黄河、长江、著名地点、交通要道等，还要明确重要史事的空间状况。

高中学生的时间紧张，更适合绘制简易的历史示意图，尤其是一些线索单一、关系简明的专题知识，只要画出与史事有关的内容即可。

第三节
姓名称谓方法

历史是由一群群鲜活的人以及他们的活动组成的，了解历史就不可避免地要经常接触到一些历史人物的姓名，以及可以起到姓名作用的其他"称呼"或"称谓"。

一、姓名的含义及由来

姓名是人们在社会交往中与他人相区别的文字符号，现在来看，通常由姓氏和名字两部分组成。姓氏通常反映该人的血统和家族关系，是构成文化认同的重要因素；名字则是区别同姓氏人的符号。

在今天的社会生活中，姓和氏已没有区别。但在古代，"三代"（夏、商、周）及以前，姓氏是分而为二的。男人称氏，妇人称姓。氏用以别贵贱，贵者有氏，贱者有名无氏；姓用以别婚姻，"同姓不婚"，氏同姓不同者，婚姻可通。

姓在原始社会后期的母系氏族社会阶段出现，是区别不同氏族的标识，主要的作用是明确亲缘血统，凝聚宗族，避免血亲通婚。

氏是由姓衍生出来的分支。在古代，由于人口繁衍、迁居各地，以及身份职业的变化等因素，同姓家族的人往往会分出一些支派，每支又会用一个特殊的号来做标志，这就是"氏"。"三代"以后，姓氏合二为一。

例如，《史记·孔子世家》中记载："孔子生鲁昌平乡陬邑。其先宋人也，曰孔防叔。防叔生伯夏，伯夏生叔梁纥。纥与颜氏女……生孔子，祷于尼丘得孔子。鲁襄公二十二年而孔子生。生而首上圩顶，故因名曰丘云。字仲尼，姓孔氏。""孔"是孔子的"氏"，孔子本是殷商王族后裔，为"子"姓。

名是对每一种事物的特定的称呼。《说文》一书说："名，自命也。从口夕，夕者冥也，冥不相见，以口自名。"意思是说，名字是人们各自的称呼。"夕"就是傍晚，指日落之时。"从口夕"就是晚上要用"口"的意思——白天的时候，人们可以借助多种手段进行交流，比如各种动作等，但是到了晚上，人们可能看不清对方，交流就会变得不方便，就需要用口来呼叫、表达，这就需要有自己的称呼，于是就有了"名"。

二、中国人的姓名称谓

中国人的姓名顺序是"姓"在前，"名"在后。相传，古人并不是一出生就会命名。有古籍记载，一个人在出生三个月后，会举行一定的仪式，由长辈来进行命名。

"轩辕氏""伏羲氏""有巢氏"等称呼，是我国迄今所知最早的一类人名，而且它们并不是一般意义上的人名、私名，而是公名、族名。甲骨文是目前所知中国最早的成熟的文字，在甲骨文中有商王和卜人的人名。商王的名常含有天干中的字，如"大乙"（商汤）等。卜人的名有"争""韦"等。

随着西周以来人名的增多，出现了一些命名的原则。比如，命名时会参考出生时出现的吉祥征兆、身边的物品、相貌特征等，而不使用国名、礼器名、官名、疾病名等。

一个人在成年之后，由长辈所命的"名"就不方便叫了，这时人们会有一个自拟的新的标识——"字"。古代女子出嫁称"字人"，如果还没有嫁人则称"待字闺中"或"尚未字人"。

在古代，"名"由长辈所起，一般终生不变，且使用单字。而"字"一般是自拟，多用双字，可以不止一个。

先秦时期，只有统治阶级才讲究姓氏和成年取字。所以，汉初时，萧何、韩信、樊哙等人都只有"名"而没有"字"，因为他们都是平民出身。秦汉以后，平民百姓中的读书人一般也有"字"，有"字"的人逐渐开始增多。

三、外国人的姓名称谓

外国人的姓名称谓方式主要分为三种：

（一）姓前名后型

朝鲜、日本、越南、柬埔寨等国均属于这种类型。其中，日本人的名字比较特殊。日本明治维新时废除了封建等级制度，宣布"四民平等"，取消了等级身份制和武士阶级的特权。武士阶层的特权有一项是"苗字带刀"，其中"苗字"就是拥有姓名权。明治维新后，也允许平民拥有姓名权。当时很多原本没有姓氏的人，只能在匆忙中采用反映其居住的环境、信仰、所崇拜的人物等规则来作为姓氏。如"田中"（表示住在田野中）、"渡边"（表示住在小河边）、"三木"（表示来自森林）、"山口"（表示住在大山的脚下）等都是反映生活环境的姓氏；又如，"本多""酒井""上衫"等都是反映英雄人物的姓氏。

（二）有名无姓型

缅甸、阿拉伯国家属于这种类型。缅甸人没有姓，他们一般会在名字的前面加特别的称呼，用来表示性别、长幼和社会地位等信息。男子一般谦称为"貌"（表示弟弟之意）、敬称平辈为"郭"（表示哥哥之意）、对长辈尊称"吴"（表示叔伯之意）、对有知识的人尊称"寒雅"；女子则一般在名字前加"杜"表示长辈或尊称，加"玛"表示平辈或幼辈。如，一位名字叫"山友"的缅甸人，他会自称为"貌山友"，别人会敬称他为"吴山友""郭山友""寒雅山友"等。其中的"貌""吴""郭""寒雅"等都不是姓，只是礼貌的称呼词而已。

阿拉伯人通常把自己的名排在前边，随后是祖先辈的名字，同样也没有姓氏。为了方便，现在一般只取全名的二段或三段，中间加"本"表示某人的儿子，加"阿布"表示某人的父亲。如名字"哈赛·本·穆罕默德"的意思是，哈赛是穆罕默德的儿子；阿布·纳赛尔，指的是纳赛尔的父亲。

（三） 姓后名前型

英国、美国、法国、德国、意大利、俄罗斯、比利时、波兰、丹麦、印度等国属于这种类型。如"富兰克林·罗斯福"，罗斯福是姓，富兰克林是名。欧美人的姓氏大多源于其祖先的职业，如泰勒，即裁缝；史密斯，即工匠；巴伯，即理发师；多特，即医生；卡彭特，即木匠。有的姓氏则是为了表明某人的身体特征，如朗曼，即高个子；肖特，即矮个子；阿姆斯特朗，即粗壮的胳膊；等等。

第五章

历史研究的主要方法

由于历史学科本身的特性，史料在历史研究中起着举足轻重的作用。史料是历史研究的基础。史料的存在形式千差万别，按照不同的划分方法，史料便有不同的类型。史料由于出处、产生时间的不同，其价值也不同。因此，人们需要对史料进行鉴别和考证。对史料进行辨别、校对、鉴定的考据法，是重要的历史研究方法之一。除此之外，历史分析法、辩证分析法、阶级分析法、计量分析法、比较分析法、口述史学方法等也是一些重要的历史研究方法。

通过本章的学习，我们要知道史料在历史研究中的重要作用，认识对史料的来源、性质及其价值进行鉴别和考证的重要性；了解鉴别史料的主要方法，认识研究历史要以有价值的、可靠的史料作为历史论述的证据；了解探究历史的主要方法，并尝试运用这些方法对历史问题进行探讨。

第一节
历史研究的史料基础

一、史料的含义及作用

史料就是过去流传下来可用于编纂和研究历史的资料。正如梁启超在《中国历史研究法》中写道："史料何者？过去人类思想行事所留之痕迹，有证据传至今日者也。"①

我们在第一章讲了"什么是历史"，以及历史学的性质与功能。简言之，历史就是过去的人、事、物。它最基本的特点就是过去性、唯一性、不可重复性，不能直接观察，更不能实验，只能以过往历史留下的痕迹（即史料）作为媒介进行认识和研究。所以，要想探寻历史真相，对历史形成正确的认识并得出客观的评价，必须借助史料。史料在历史研究中起着至关重要的作用，犹如证据在案件侦破中的作用一样。梁启超认为："史学所以至今未能完成一科学者，盖其得资料之道，视他学独难。史料为史之组织细胞，史料不具或不确，则无复史之可言。……

---

① 梁启超：《中国历史研究法》，北京：中国人民大学出版社，2012年，第42页。

不治史学，不知文献之可贵与夫文献散佚之可为痛惜也。"① 傅斯年甚至认为："史学便是史料学。史学的工作是整理史料，不是作艺术的建设，不是作疏通的事业，不是去扶持或推倒这个运动，或那个主义。"②

总之，史料是历史研究的基础，史料是历史与现实的桥梁。史料能够引导人们"穿越时空"，回到"历史现场"，触摸历史。史料也是能让我们从历史中汲取经验教训的纽带。没有史料，任何历史研究都将无法进行。

历史过程是不可逆的，认识历史只能通过现存的史料。要形成对历史正确、客观的认识，必须重视对史料的搜集、整理和辨析，去伪存真。

二、史料的类别及价值

（一）史料的类别

关于史料的分类，不同的史家有不同的分类方法。史料的分类原则主要有两种：按照史料的学术价值进行划分和按照史料载体的不同进行划分。

按照史料的学术价值进行划分，史料可分为第一手史料（直接史料）和第二手史料（间接史料）。

按照史料载体进行划分，史料则有多种分类方法。例如，有人把史料分为文献史料和考古史料；有人把史料分为文字史料、实物史料和影像史料。新高中历史课程标准中将史料分为：文献史料、实物史料、口述史料、图像史料、现代音像史料以及数字资源。下面按照上述课程标准的分类进行介绍：

1. 文献史料

从狭义上讲，文献史料是具有历史价值的图书文物资料，是最常见

---

① 梁启超：《中国历史研究法》，北京：中国人民大学出版社，2012 年，第 42—43 页。
② 傅斯年：《史学方法导论·史料论略》，北京：中国人民大学出版社，2004 年，第 2 页。

的史料类型之一。文献史料主要包括史书、档案与文书、文集、笔记、书信与日记、地方史志、报刊、碑铭与简牍、族谱、契约、账簿等。下面重点介绍史书、碑铭与简牍。

(1) 史书

史书，指古籍中专门记载历史的书籍。在我国古代，传统的图书分类法之一是"四部分类法"，即用经、史、子、集类目名称概括各类书籍的性质和内容。其中，史部就是指各类历史书籍。

首先，按照修史的主体来分类，史书可以分为官修史书与非官修史书（私史）。

官修史书，顾名思义，就是官府主持修撰的史书。"二十四史"中除《史记》《汉书》《后汉书》《三国志》《新五代史》外，其他均属于官修史书。

私史，是与官修史书相对而言的，是由私人撰写的史书，也称非官修史书。春秋战国之前，学在官府，教育被官府垄断，史书也是由官府修订。春秋战国时期，礼崩乐坏，王室衰微，学术下移，私学兴起，私人开始撰写历史。《春秋》便是我国第一部私人编著的史书。我国的私史著述非常丰富，唐代杜佑的《通典》、宋元之际马端临的《文献通考》、明末李贽的《藏书》和《焚书》、明清之际黄宗羲的《明儒学案》、顾炎武的《日知录》等均是私史。

其次，按照是否得到官方认可来分类，史书可分为正史和野史。

正史，是官府主持修撰或得到官府认可的史书。《史记》《汉书》《后汉书》《三国志》《新五代史》虽都是私史，但因得到官方认可也被列入正史。从体裁上来看，"正史"也有官方认可的"正规体例"的含义。我国早期史书的体例基本是按年代编撰的编年体，如《春秋》。而司马迁的《史记》是我国历史上第一部纪传体通史。班固编撰的断代史《汉书》沿用此纪传体体例，之后纪传体被各朝奉为正规体例。唐朝修订《隋书·经籍志》，正式将《史记》等以帝王传记为纲的纪传体史书列为正史，正式设立"正史"这一名称。唐代刘知幾在《史通·外篇》中写道："大抵自古史臣撰录，其梗概如此。盖属词比事，以月系年，为史氏之根本，作生人之耳目者，略尽于斯矣。"可以看出，刘知幾笔下的"正史"除了纪传体，还包括编年体史书。清乾隆四年（1739），皇帝钦定从《史记》至《明史》二十四部正统的纪、传、表、志俱全的纪传体史书为正史，私家不可擅增。正史遂为官修或官方认可的纪传体史书之专称。

野史，顾名思义，多是由民间人士撰写的史书。史书的内容多是记载民间流传的故事，或确有其人但未必有其事，或不被正史所记载的、是被统治者所忌讳的奇闻逸事。因此，野史往往被官方禁毁，只能在乡野流传。另外，"野史"的"野"还有材料记录"粗野"之意，即没有如正史编撰过程中对某些方面的曲笔和忌讳。野史一般主观色彩浓厚，可能存在夸大演绎的情况。另外，野史在体例方面也很随意，不拘一格。我国最早以"野史"命名的史书是唐代的《大和野史》。之后，以"野史"命名的史书越来越多，如北宋的《江南野史》，清代的《南明野史》，还有近代编写的《清朝野史大观》等。"野史"涵盖的内容范围也越来越广，如近代梁启超将别史、杂史、杂传、杂记等统称为野史。

我们再来简单介绍一下稗史、杂史和别史。

讲稗史之前，先说一说稗官。稗官是帝王设置的专门搜集街谈巷说、逸闻琐事的小官。稗官所记载的逸闻琐事以及风俗故事便是稗史。后来，稗官被撤销后，私人所记载的逸闻琐事和民间风情的历史，也被视为"稗史"。如元代仇远的《稗史》和清代章学诚的《史籍考》中就有"稗史"类。成语"稗官野史"后泛指记载逸闻琐事的文字。因此，有人认为野史与稗史并没有本质上的区别。

杂史，是一种不受体例限制的异体杂记。其记载的内容多为一件事情的发生始末，或某一时的见闻。虽然杂史内容不完全可信，但在某种程度上可以补充正史内容。

别史，意为正史的别支，"犹大宗之有别支"。主要指编年体、纪传体以外杂记史实的史书。正史与私史较好区分，别史、杂史都是私史，容易混淆。张之洞在《书目答问》中写到"关系一朝大政者入别史，私家记录中多碎事者入杂史"，也就是说别史侧重记录关系国家政务的一代或历代的历史。这一区分方法基本上被史学界所认可。

总体来说，野史、稗史、杂史、别史等大部分均是私史。

再次，按照体例来分类，史书大致可以分为纪传体、编年体、纪事本末体、国别史等。

纪传体，是一种以人物传记为核心进行记述的史书体例。

司马迁的《史记》是我国历史上第一部纪传体通史。《史记》分为本纪、世家、列传、书和表。"本纪"主要指帝王的传记。但少数没有称帝却对王朝的更迭发展起了重要作用的人物，也被立了本纪，例如《项羽本纪》《吕太后本纪》等。"世家"主要是指诸侯及特别重要人物的传记，如《齐太公世家》《孔子世家》《陈涉世家》等。列传，则是"谓列叙人臣事迹，令可传于后世"，也就是主要记录帝王诸侯之外的其他社会各方面重要人物以及少数民族的传记，如《老子韩非列传》《商君列传》《匈奴列传》《货殖列传》等。《史记》中还有"八书"，即礼书、乐书、律书、历书、天官书、封禅书、河渠书、平准书，主要记载制度发展。表，就是以表格形式记录历史事件，也就是大事年表。《史记》共"十表"，如三代世表、十二诸侯年表、六国年表等。

纪传体体例的优点是便于围绕同一个人物或事件的多个方面进行叙述，方便人们全面了解历史，同时便于记录时间不明确的历史事件；缺点是不方便人们把握事件与事件间的关联，在某种程度上会拔高个人在历史中所起到的作用。

编年体，是一种以时间、年代为主线记述历史事件的体例。编年体强调历史事件发生的年、月、日，能比较清晰明确地展示历史事件发生的先后顺序。叙事简单明了，能体现历史发展的时序性；缺点是不利于历史事件的横向论述和全面论述。同时，对于时间尚不明确的历史事件也不易记录。《春秋》《左传》《资治通鉴》《竹书纪年》《汉纪》《后汉纪》等均采用了编年体的体例。

纪事本末体，是一种以事件为核心记述历史的体例，始创于南宋。南宋袁枢所著《通鉴纪事本末》，除分类记载原《资治通鉴》所记的239个事件之外，外加66个新的历史事件。每一历史事件按时间顺序详细叙述，"一书备诸事之本末"。由此可见，纪事本末体能够有效地弥补编年体和纪传体的欠缺。明清时期，"纪事本末"另有"纪略""方略"之称。

国别体，是一种以国（或诸侯国、割据政权）为单位分别记述历史事件的体例。《国语》是我国第一部国别体史书，对从西周中期到战国初期的周、鲁、齐、晋、郑、楚、吴、越八个政权的历史分别进行记载。此外，《战国策》《三国志》也是著名的国别史。

最后，按照时间断限来分类，史书大致可以分为通史、断代史等。

"通"有"贯通"之意。通史便是连贯地记述较长时间段内的完整历史，因其涉及的内容广泛，所以能够较好地展现历史发展脉络。如司马迁的《史记》便是记载了从传说中的黄帝到汉武帝太初年间3 000多年的历史。现行统编本高中历史教材《中外历史纲要》亦属于通史体例。

断代史是专门记载一个朝代或一个时期的史书体例。东汉班固的《汉书》始创断代史体例，"二十四史"除《史记》外，均是断代史。

（2）碑铭与简牍

碑，指刻上文字纪念事业、功勋或作为标记的石头。碑铭，即碑文与铭文。碑文是刻在碑上的文字或图画，铭文指的是有韵的碑文。简牍，古代书写用的竹简和木片。不论是石头、竹简还是木片都是文字的载体，因此，碑铭与简牍作为研究历史的史料，本质上是文献史料。例如，20世纪以来考古发掘的敦煌汉简等便是重要的文献史料。

2. 实物史料

实物史料是历史上人类遗留下来的遗物遗迹，是曾在历史上真实存在的实物。实物史料分为器物、建筑物、遗址、遗迹等。历史遗留和考古发掘是获得实物史料的主要途径。

器物，有"器具与物品"之意。从制作材料方面进行区分，包括陶器、玉器、青铜器、铁器等；从功能方面进行区分，包括生产工具、生活用品、礼器、兵器等，如考古发现的国家一级文物曾侯乙编钟、西汉素纱襌衣，国宝级文物商代晚期的四羊方尊、司母戊鼎等。

建筑物包括房屋以及非居住的构筑物。如宫殿、寺庙、住宅是建筑物，纪念碑、胡同、广场也属于建筑物。

遗址是古人活动的遗迹。基本的建筑物已经不复存在，但是经过考古发掘研究证实是其所在的场所，主要包括古代墓葬遗址、村落遗址、会址等。

遗迹是古人遗留下来的痕迹。遗迹的主要特点是不能完整具备原有的形态，拥有残缺的痕迹，如雅典卫城、古埃及金字塔群等。

3. 口述史料

口述史料是随着口述历史工作的兴起而产生的史料，是通过采访历史当事人，用文字、声音、影像等手段记录过去而形成的历史活动资料。其形式多样，如民间神话、传说、歌谣、谚语、人物讲话、录音录像、口述回忆及调查访问等。

4. 图像史料

图像史料是一种以图片等非文字方式呈现的直观可视的史料。图像史料包括地图、绘画、雕塑、照片等。图像史料分为原始性图像和再造性图像。原始性图像是指当时留存下来的图像。再造性图像是依据现代技术对已掌握的相关史料进行再创造而形成的图像。绘画在这里除了指传统的绘画作品外，也包括一些壁画、岩画等。雕刻不仅包括各种材质的塑像，还包括建筑物上的木雕、砖雕等各种雕饰。

5. 现代音像史料

音像史料是使用图形、声频、视频等技术手段来反映历史活动的声像记录，是固化在磁带、光盘、影视片等介质上的历史信息。

6. 数字资源

数字资源指将计算机技术、通信技术及多媒体技术相互融合而形成的以数字形式发布、存取、利用的信息资源，包括电子书、电子期刊、网页、多媒体资料等。

（二）史料的价值

史料的价值是指史料对于历史研究的价值。史料的类型、史料的作者及其所处的时代等因素会直接或间接影响史料的价值。

1. 史料作者及其所处时代对史料价值的影响

按照史料的学术价值，史料可以分为第一手史料和第二手史料。

梁启超认为史料"自当以最先最近为最可信。先者以时代言，谓距史迹发生时愈近者……近者以地方言，亦以人的关系言，谓距史迹发生地愈近，且其所记述之人与本史迹愈深者……"[1]。

也就是说，由同时代的人、距离那个时代比较接近的人记录下来的、未经中间人修改或转写的史料，包括由当事人（目击者、参与者）根据亲身经历写成或叙述的资料，以及历史上人类遗留下来的真实存在的遗物遗迹等实物史料，均属于比较直接的证据，我们称它们为第一手史料。原始文件、档案、信函、日记、照片等都是第一手史料，实物史料基本也属于第一手史料。

凡是经中间人修改或转写的史料，如后人的有关说法，或后人写的历史著作，是比较间接的证据，我们称为第二手史料。牛郎织女、女娲补天等传说便是第二手史料。成书于北宋、记载了从战国初年到五代后期的《资治通鉴》也是第二手史料。严格说来，"二十四史"都是

---

[1] 梁启超：《中国历史研究法》，北京：中国人民大学出版社，2012年，第82页。

第二手史料。

虽然，第一手史料是最早的历史见证，极具价值，但也未必完全可信。历史当事人或目击者因为种种原因或有意或无意地歪曲、隐瞒历史真相的情况时有发生，因此我们对第一手史料的使用同样需要辨伪求证；第二手史料虽然是间接史料，需要辨析，但有的第二手史料因其经过了严密考证，权威性、可信度高，因此也很有价值。无论是第一手史料还是第二手史料，同样需要严格辨析，需要实事求是地判断其价值，从而发挥好其证史、叙史的作用。

2. 不同形式史料的价值

（1）文献史料

正史。史书中的正史大部分由政府组织编撰，一般其作者专业素养较高，在撰写过程中会经过一定的考据，所以其质量比私史高，更具有权威性。又因其体例完整，是研究历史不可或缺的重要史料。但是，由于受到政治性因素等影响，正史史书所记载的内容可能存在曲笔讳饰的情况。

私史。私史是相对于正史而言的，野史、杂史和别史等私史出自私人之手，主观发挥的空间大，考订不严格，可信度较低。但是由于私史不受体例的限制，记载内容丰富多样。同时，私史作者不用考虑统治者的意愿，某些方面可以直抒胸臆，悉数记载，所以能够补充正史或隐晦不实的记载。总体上看，私史具有一定的史料价值，但需在甄别考订后选择性使用。

北宋司马光在其《资治通鉴考异》中讲到，唐玄宗的出生日期在《玄宗实录》中记载的是八月一日，而玄宗时期一位叫顾况的人在其诗中写道："八月五夜佳气新，昭成太后生圣人（即皇帝）。"最后，通过查询历法发现，八月一日说法明显错误。《资治通鉴考异》中便采用了八月五日之说。显然，司马光在主持编著《资治通鉴》时，除了官修正史外，还参考了杂史、文集、碑铭等其他史料。

　　档案。档案是由经过整理归类、形式多样的原始记录组成。档案在不同时期称谓不一，商朝称"册"，周朝称"中"，秦汉称"典籍"等，清朝以后多称为"档案"。档案在历史事件的发生中形成，原始性是其突出特点，加之记载较为真实可靠，是研究历史的第一手史料。档案记录会涉及政治、经济、文化、教育等社会方方面面，能够较全面地再现历史真实风貌。

　　文书。文书指的是公文契约等。因某些公文契约经整理审核后便会成为档案，所以有人说"档案是昨天的文书，文书又大半是明天的档案"。"萧何入秦，收拾文书，汉所以能制九州者，文书之力也"①，正说明了文书档案的重要性。敦煌文书，更被誉为"中国中古时期的百科全书""中古陇右河西文化的缩影"②。

　　文集和笔记。文集即文学作品的汇集，包括诗、词、文、赋等文学作品，它们是对一定时期社会生活的反映，具有一定的史料价值。笔记即随笔记录，可分为小说故事类、历史琐闻类、考据与辩证类。翦伯赞曾说："中国文献学上的史料之丰富，正如一座无尽的矿山，其中蕴藏着不可以数计的宝物……例如史部以外之群书上的史料，特别是历代以来文艺作品中的史料，并没有系统地发掘出来，应用于历史的说明。"③

　　文集、笔记等文学作品在一定程度上能够反映社会现实，具有一定的史料价值。因其存在艺术加工的成分，在作为史料使用时要慎重，需与其他史料相印证。

　　书信与日记。书信是在双方传递信息与交流感情中形成的资料。书信相对其他传递信息的方式而言较为私密，其涉及的内容较为真实。日记主要用于记录当天或近期发生的事情。书信、日记都属于第一手史料，具有较高的史料价值。但是书信、日记也具有较强的主观性，作为史料

---

①　黄晖：《论衡校释》卷十三《别通篇》，北京：中华书局，1990年，第591页。
②　王国健：《敦煌文书和徽州文书档案的若干共性》，《探索与争鸣》2004年第10期。
③　翦伯赞：《史料与史学》，北京：北京出版社，2005年，第21页。

使用时，需与其他史料相印证。

族谱。族谱在一定程度上能反映当时的家族情况和社会状况，具有较高的史料价值。梁启超称赞"我国乡乡家家皆有谱，实可谓史界瑰宝"①。但是族谱、家谱本身的严谨性不够，存在为尊者讳、为亲者讳等情况，可能存在虚假成分，这同样需要与其他史料进行印证。

契约。契约是文书的一种，是在双方或多方自愿结成某种关系的过程中形成的，多涉及买卖、租赁、抵押等问题。因此在研究土地、赋税、商业等社会经济或百姓生活以及民族关系、宗教史等时，具有重要的参考价值。

方志。方志是记载地方情况的史志。内容多涉及自然地理、经济生活、人文历史等方面，"为研究一个地方的全史资料"。

（2）口述史料

口述史料不仅包括口述史的各种形式的记录，也包括口耳相传的传说、神话等。书面资料和口述资料可以相互印证，更可以相互填补空缺。相传，《荷马史诗》便是以民间的短歌为基础而作，是集合古希腊口述资料而成。西方学者曾将其作为研究公元前 11 世纪至公元前 9 世纪希腊历史的重要史料。

19 世纪 70 年代，德国考古学家海因里希·施里曼根据《荷马史诗》中有关特洛伊城的记载，在土耳其历时三年，发掘出特洛伊城的遗址，并发现战争的痕迹，由此证明了《荷马史诗》中记载的特洛伊城的存在及其遭受过战争破坏的事实。传说、神话一定程度上能够反映社会风貌，反映人们的价值取向，但是往往存在想象、夸大、虚构的成分，作为史料时应谨慎使用。

录音录像等口述资料是由事件的亲历者或目击者回忆讲述而成，往往涉及事件的细节，能为历史研究注入鲜活血液。口述史料直接原始，

---

① 梁启超：《中国近三百年学术史》，北京：东方出版社，2004 年，第 361 页。

是第一手史料，史料价值高。但是有时由于受到年代久远、口述者记忆模糊，以及个人主观因素的影响，并不能保证亲历者讲述的口述资料一定准确真实，因此，也需要其他史料相印证。

（3）图像史料

图像史料中的原始性图像如照片等，属于第一手史料，史料价值高，能够清晰直观真实地展现历史，拉近历史与现实的距离。在使用图像史料时，也需要明确来源，辨析考证。例如，曾经出现在某历史教材中的插图——《冲向敌舰的"致远号"》，后来被证实"致远号"应是"靖远号"。图像史料中的再造性图像，虽然是经再创作形成的图像，但也有较高的史料价值，只是在运用时也需要与其他史料相佐证。

（4）实物史料

实物史料是历史上真实存在的实物，是"活"的历史。实物史料是第一手史料，史料价值极高。实物史料能够佐证其他史料，即"取地下之实物与纸上之遗文互相释证"。随着考古新发现，实物史料还能弥补文献史料的不足或谬误，不断拓宽历史研究的范围和领域。如长期以来，人们普遍认为埃及金字塔的修建者是奴隶，但是埃及考古学家扎西·哈瓦斯曾在距离金字塔不远的遗址中，发现了许多建造者的坟墓。哈瓦斯认为奴隶身份地位低下，他们的坟墓不可能直接建在法老墓旁边。所以他推断金字塔的建造者并非奴隶，而应该是平民劳工。这就为研究金字塔拓宽了新的方向。再比如我国三星堆遗址考古，截至 2021 年 3 月共发现 500 多件文物，这些文物带有古蜀国浓郁的特色，对古蜀文明研究具有重要意义。而在 8 号坑中发掘出的被挤压变形的铜铃，经比照发现，与中原同时期（二里头遗址发掘的）铜铃高度一致，说明古蜀文明与中原王朝可能有密切联系，进而进一步实证了中华文明多元一体的特点。

总之，史料价值主要受史料形成的时间、史料本身的特点（史料类型）、其史料运用的对象等因素影响。另外，同一史料，因研究对象不同，史料价值也不一样，有时是第一手史料，有时是第二手史料。第一手史料和第二手史料界限并不是绝对的。如《史记》记载了上启上古传说黄帝时代，下至汉武帝太初四年，共 3 000 多年的历史。如果从时间上判断其史料价值，汉武帝时期或较接近汉武帝时期的记载是第一手史料，其他时期的记载就属于第二手史料了。而如果从研究对象来判断其史料价值，《史记》是研究汉武帝的第一手史料，却是研究孔子的第二手史料。

　　一般情况下，实物史料可信度优于文献史料，官方记载可信度优于民间记载，第一手史料比第二手史料更可信，但这也不是绝对的。因此，史料的鉴别与考证工作就显得尤为重要了。

第二节
史料的搜集与鉴别

一、史料鉴别的重要性

历史的重要意义在于服务现实需要，人们通过不断研究过去的事，不断赋予其新的价值和意义，就能不断服务于现实。这也是历史学科不同于其他学科的魅力所在，但前提是过去的事必须是真实的。法国历史学家马克·布洛赫在《历史学家的技艺》中讲道："人们也早就知道，不可盲目地轻信所有的史料。人们早已有过这样的经验：发现为数不少的书稿伪造年代和出处，有些记载全是虚构的，甚至有些实物也不过是赝品。"① 我国文化博大精深，史料浩如烟海。但由于受时代、环境、阶级、个人等主客观因素影响，并不能保证所有史料的真实性。郭沫若曾说："无论做任何研究，材料的鉴别是最必要的基础阶段。材料不够固然大成问题，而材料的真伪或时代性如未规定清楚，那比缺乏材料还要更加危险。因为材料缺乏，顶多得不出结论而已，而材料不正确便会得

---

① [法]马克·布洛赫：《历史学家的技艺》，张和声、程郁译，上海：上海社会科学院出版社，1992年，第61页。

出错误的结论。这样的结论比没有更要有害。"① 由此可见,存伪的史料便也失去了史料本身的价值。历史学者顾颉刚也指出:"治史学的人所凭藉的是史料。治史学的人对于史料的真伪应该是最先着手审查的,要是不经过这番工作,对于史料毫不加以审查而即应用,则其所著虽下笔万言,而一究内容全属凭虚御空,那就失掉了存在的资格。"② 所以,研究历史在得出结论之前对史料进行鉴别考证,不仅重要,更是非常必要。秦琅琊石刻记载秦始皇"六合之内,皇帝之土。西涉流沙,南尽北户。东有东海,北过大夏"。而成书于西汉的《淮南子》则记载"颛顼帝即已'西济于流沙',大禹'东渐于海,西被于流沙',更有'纣之地,左东海,右流沙'"③。文献记载与石刻记载存在差异,再次说明运用史料时需要辨别真伪,谨慎使用。

二、史料的搜集与鉴别

对史料的搜集、鉴别和运用是历史研究的重要方法,也是历史研究者的基本功。

(一) 史料的搜集

史料搜集是一切历史学术研究工作的基础,历史研究者研究历史首先要找到自己需要的史料,因此,就要掌握搜集史料的常用方法——使用文史工具书、分类搜集、进行调查、采访收集等。

梁启超将待搜集的史料分为"普通史料""积极史料""消极史料"。

普通史料指的是存于旧史中的、不需要特别搜集的史料。但因这些史料分散存在,单独选取一则、两则并不能得出有价值的结论,也无法完整地展示历史概况,所以需要围绕一个主题,搜集同类史料,并通过

---

① 郭沫若著作编辑出版委员会:《郭沫若全集》(历史编 第二卷),北京:人民出版社,1982 年,第 3—4 页。
② 顾颉刚:《当代中国史学》,上海:上海古籍出版社,2002 年,第 36 页。
③ 刘芳、王辉、成学江:《基于学科核心素养的高考历史命题例说》,《中国考试》2017 年第 4 期。

分析比较，得出真实、全面、立体的认识。

消极史料是与积极史料相对的，如果说积极史料即"某时代有某种现象"，那么消极史料就是"某时代无某种现象"（某一历史结论没有直接的史料支撑），但却可以通过其他相互印证的史料从侧面进行推论，这些侧面的史料便是"消极史料"。《战国策》以及《孟子》中都有对"黄金"这一金属货币的记载，但是书中关于"财货"等字，都是贝字旁而不是金字旁。在殷墟遗址发掘的古物中也是只有贝币而没有金币，以及在记载春秋史实的《左传》、记录春秋时期孔子及其弟子言行的《论语》、记录范围上起西周末期下至战国初期的《国语》中，都没有关于使用金属货币的表述。由此，可以得出的"春秋以前金属货币未通用"的假说。可见，消极史料的重要性不逊于积极史料。后世非常普遍的现象为什么在前代没有发生，前代非常普遍的现象为什么会在后世消失，这其中往往隐含着重要的历史信息及意义。消极史料便是以无史迹为史迹，若留心搜集整理，可能会得到重要的信息。

在具体方法上，梁启超强调按研究专题广泛搜集和积累"同类或相似之事项综析比较"之法，他认为："史料之为物，往往有单举一事，觉其无足重轻；及汇集同类之若干事比而观之，同一时代之状况可以跳活表现。"[1]

（二）史料的鉴别

史料搜集是历史研究的首要工作，但搜集来的史料往往是零散的，而且可能真伪错杂，因此，需要对搜集到的史料加以辨别。梁启超认为，史料的鉴别包括正误和辨伪两种方法。

1. 正误的鉴别原则与方法

首先，提倡怀疑精神，杜绝幻觉。

众人说真并非真，广为流传的、被大部分人所接受的结论也并不一

---

[1] 梁启超：《中国历史研究法》，北京：中国人民大学出版社，2012年，第70页。

定是事实。如将道教等同于道家，提及道教时，立马想到老子；提到长城，只想到秦始皇。这些都是被世人误认的史实，再比如，《左传》中提到晋楚城濮之战、晋楚邲之战、齐晋鞌之战、秦晋殽之战、晋楚鄢陵之战，它们虽名为"大战"，但经详细考证后得知，这五场"大战"在时间上都仅持续了一天，范围上也不过百里，与近代大战不能相提并论。

其次，转换角度，举反证。

梁启超认为鉴别史料正误以及真伪，最直接便捷的方法便是举出反证。比如，提到上海相关的历史，人们往往认为上海历史始于战国时期楚国的春申君黄歇，理由是有了春申君，才有"申江""黄浦""歇浦"等称谓。但是，经近代学者确认，上海在唐朝之前还没有形成陆地。所以"申江""黄浦""歇浦"等称谓源于春申君的说法便不攻自破了。

再者，最先最近者最可信。

当面对同一历史问题，若史料记载相互矛盾，梁启超认为应遵循的原则是"以最先最近者最可信"。"最先"针对的是事件发生的时代。同时代人、距离那个时代比较接近的人的记录自然比后世人记录为先。"最近"针对的是事件发生的地方，当事人（目击者、参与者）根据亲身经历写成或叙述的资料自然比后人的记录为近。最先最近者的记录史料属于直接史料，是第一手史料，可信度更高。比如，在研究罗马法的史料中，古罗马人西塞罗的记载自然比几百年或几千年后的记载更可信，这就是先后。同样是古罗马时期的人，中国人的记载自然不如罗马人的记载更可信。而同样作为古罗马时期的罗马人，作为法学家的西塞罗也自然比普通人的记载更准确，这就是远近。

"最先最近者最可信"只是鉴别史料的一个大略原则。在史料的具体运用中还需要具体分析，不能一概而论。最先最近者的记载有时也会受其个人主观情感、社会环境等因素的干扰，影响记载的真实性或全面性。比如同为玄奘亲授弟子的道宣之与慧立之，都曾为玄奘作传，著作分别为《续高僧传》与《慈恩法师传》，但两传中却有许多矛盾之处。

经考证发现，或为道宣之错误，或为慧立之错误，或二人皆误。关于玄奘取经出发时间，二人皆记载是贞观三年（629），梁启超在进行了各方面的考证后证实，应是贞观元年（627）。

另外，还可以察其史德、史识及其治史者所处的地位。

唐代史学家刘知畿强调史学家应该具备三种资格，即才、学、识，即"三长"。清代章学诚在此基础上加了"德"，称为"四长"。梁启超给予新的解释，并且把史德放在首位。何为史德？梁启超认为除了自身心术端正外，史家第一道德事，莫过于"忠实"。这是史料最可贵之处，也是历史学科的独立品格。钱穆强调"做学问，当知先应有一番意义"①。而历史的重要目的就是"将过去的真事实予以新意义或新价值，以供现代人活动之资鉴"②。无论著书立说还是释读材料，要保持百分百的纯粹真实、客观公允。

但是，说起来容易做起来难。有时作者为了避讳亲者尊者等，不可避免地会掺入个人主观情感，存在"夸大""附会""武断"的情况。如《魏书》（记录4世纪末至6世纪中叶北魏王朝的兴亡史）被很多人称为"秽史"，很大程度上是因为其作者魏收（北齐时期人）性格急躁，史德有亏，不能公平待人，故其虽距北魏时期极近，但其所著《魏书》远不如其他正史值得信任。所以，需要对史料的来源、作者等进行考证，明确史料的时代背景，以及作者著述的目的等，以保证史料的真实性。

治史者的史才、史识、所处地位和时代环境，也会影响历史著作的价值。如同样是后世少数民族政权编撰史书，以清代著名史学家万斯同的史稿为基础编撰的官修史书《明史》，比元朝政治家、军事家脱脱主修的《宋史》更能得到人们的认可。

---

① 钱穆：《中国历史研究法·序》，北京：九州出版社，2012年，第1页。
② 梁启超：《中国历史研究法　中国历史研究法补编》，北京：中华书局，2015年，第224页。

2. 辨伪的鉴别原则与方法

梁启超认为,辨伪的方法有两种,先辨伪书,次辨伪事。辨伪是研究历史必须具备的能力。有些伪书已被考订,但是在研究历史过程中常会遇到一些书或一些事,需要自己去鉴别。梁启超为此总结了十余种鉴别伪书的方法。

例如,前代从来没有著录或者没有人引用却忽然出现的书,十有八九是伪书。如明人所刻《三坟记》《史乘》等书,虽然在《左传》中有《三坟》,《孟子》中有《乘》的名称,但在汇编历代以及当代图书典籍的汉朝《艺文志》、隋唐《经籍志》等中都没有记载,司马迁以及后世都没有征引。由此推知,在古代有可能并不存在此书,或者经历战火已散佚,这类书十有八九是伪书;前代有著录,但是已经散佚,忽然有异本出现,篇数和内容等与旧本完全不同,十有八九是伪书;凡是来历不明的书,不可轻信;其书原本已被前人佐证,现在出现版本与原书存在较大差异者,则现在的书可能是伪书;书中所载之事在作者所处时代之后,此书或全伪,或部分伪;其书虽真,但是书中有一部分内容已被考证有篡改之迹,则书中其他内容也需要谨慎考证;书中所载同一件事却互相矛盾,则有一伪或者都伪;等等。另外,还可根据时代特征、时代思想,甚至是时代特有的文体来判断书的真伪。

而伪事的形成原因也是有多方面的。有受作者立场等方面因素影响,明知其伪仍书之者,如陈寿在《三国志·魏书》中记载"汉罢三公官,置丞相""以公(曹操)为丞相""天子使御史大夫郗虑持节策命公为魏公""汉帝以众望在魏,乃召群公卿士……使兼御史大夫张音持节奉玺绶禅位",显然与范晔在《后汉书·孝献帝纪第九》中考证的史实不符。有纯属虚构之事;有事虽非伪,但言过其实的;还有刻意修饰的、主观发挥的,都不同程度地歪曲了历史真相。为此,梁启超提出了多种鉴别伪事之法:辩证不要支离于问题以外;正误与辨伪都可以举反例进行说明;利用直接史料作为伪事的反证最有效;时代错误则事必伪;无法从正面直接进行反证时,可以从侧面间接推断;无法用"事证"的,可以用"物证"或"理证"证明其伪;等等。

第三节
历史研究的主要方法

　　世间万物皆有特点，研究不同的事物应有不同的方法。古今中外研究历史的方法众多。随着社会不断变迁，历史研究的方法也在不断改进，而自然科学综合性发展的趋势也影响了社会科学的研究，从而将历史研究引向了多角度、多层次的研究道路。

　　研究历史的方法可分为两大类：一类是考据方法（亦可称之为具体的方法），即对史料进行广泛的收集、考订和整理，使史料客观反映历史真实；另一类是思辨的方法（亦可称之为抽象的方法），即对史料进行分析、综合，从中归纳、总结出历史发展的规律。

　　徐蓝、朱汉国教授主编的《普通高中历史课程标准（2017年版）解读》中提到：历史探究的基本方法包括历史分析法、辩证分析法、阶级分析法、整体分析法，以及心理分析、计量分析等跨学科的方法。[1] 这些基本方法侧重于如何客观全面科学地分析历史事物和历史现象，并把握历史进程。近些年来，口述史学方法也越来越受重视。下面择要介绍。

---

　　[1] 徐蓝、朱汉国主编：《普通高中历史课程标准（2017年版）解读》，北京：高等教育出版社，2018年，第163页。

一、考据法

考据法是研究历史的一种实证方法，主要通过搜集史料并加以鉴定与分析，从而判定事件、材料的真伪与是非，推求或印证某一现象与结论。这种方法最显著的特点是"实事求是""无征不信"。

清朝乾隆、嘉庆年间的"乾嘉学派"以考据著称。在此基础上，20世纪初，"新史学"代表人物梁启超、傅斯年、胡适等人结合中国史学实际，重新探索历史研究方法。之后，王国维、陈寅恪等人进一步发展完善了历史考据的基本原则和方法，同时吸收西方考据学的相关内容，从而形成了新的理论体系。无论是胡适提倡的"以科学方法整理国故"，还是北平学术界的"非考据不足以言学术"，无一不彰显考据之风。钱穆更是擅长考据，在其著作《刘向歆父子年谱》中，他利用年谱的方式考据详列了刘向和刘歆生卒等，利用大量具体证据驳斥了康有为《新学伪经考》中认为刘歆伪造古文经的观点。钱穆的《先秦诸子系年》也是一部考据之作，具体考证了先秦诸子年世、生平事迹、行事等，还订正了《史记》中对先秦诸子记录的伪误之处。

那么如何进行考据呢？下面谈一谈考据的基本方法。

内证法与外证法。"内证"，又称"本证""自证"，即对史料自身所记载的内容前后进行校对考订；"外证"，又称"旁证""他证"，即用史料自身之外的史料进行考证的方法。旁证材料又可分为"书证"和"物证"。"书证"主要指文献史料，"物证"主要指实物史料。

理证法。即一种利用逻辑推理进行考证的方法。

反证法。通俗讲就是依据可靠的史料证明原有史料的虚假或谬误。这类情况大多是已知此事不可信，但无直接证据证明，那么可通过其他史料从反面进行证明。比如关于佛教传入中国的时间，有一种观点认为是公元64年（东汉永平七年），汉明帝刘庄夜梦大佛，于是派人出使西域，并到达今天的印度求得佛经佛像。但梁启超通过《后汉书·西域传》及其他资料证实：公元 64 年（东汉永平七年），西域正联合匈奴进犯东汉，早在王莽新朝时中国与西域就已断绝关系，直到 73 年（东汉永平十六年）才恢复交往。由此得出，公元 64 年（东汉永平七年）汉明帝派遣使者出使西域进而求得佛经佛像的可能性非常小。

循名责实法。顾名思义，是指依循名称寻找与选择能够证明这个名称的实际内容，达到名实相符的方法。

归纳法和演绎法是在数学中常会用到的方法，同样也是历史考据的基本方法，在这里就不多做解释了。下面重点讲一讲"二重证据法"。

二重证据法是王国维所提出的历史考据方法。他说："吾辈生于今日，幸于纸上之材料外，更得地下之新材料。由此种材料，我辈固得据以补正纸上之材料，亦得证明古书之某部分全为实录，即百家不雅训之言，亦不无表示一面之事实。此二重证据法，惟在今日始得为之。"[①] 也就是将"地下之新材料"即新出土的材料与"纸上之材料"即已有的文献史料进行相互印证。早在 1911 年"二重证据法"未正式提出之前，王国维便将文献和实物相结合，撰写《隋唐兵符图录附说》，考证隋唐兵符。王国维、罗振玉将《汉书》等文献史料与西北简牍涉及的汉代烽燧制度、边塞职官制度等相关问题进行了考释，撰写了《流沙坠简》。王国维的治学方法以及在此治学方法下取得的重大成果，促进了"新历史考证学"的进一步发展，并对后世产生了深远影响。从广义上来讲，陈寅恪的"以诗证史，以史证诗"也是对"二重证据法"的发展。陈寅恪主张"一曰取地下之实物与纸上之遗文互相释证""二曰取异族之故书与吾国之旧籍互相补正""三曰取外来之观念与固有之材料互相参证"[②]，这更是对"二重证据法"的继承与发展。个别学者还在"二重证

---

① 王国维：《古史新证——王国维最后的讲义》，北京：清华大学出版社，1994 年，第 2 页。
② 陈寅恪：《陈寅恪集·金明馆丛稿二编》，北京：生活·读书·新知三联书店，2001 年，第 248 页。

据法"的基础上，提出了"三重证据法"。

无论"二重证据法"，还是"三重证据法"，都体现了史料需要相互印证，即"孤证不立"原则，也是"史料实证"这一历史核心素养的体现。

二、历史分析法

历史分析方法就是从客观实际出发，把研究对象放在当时当地具体的历史环境和历史范围内，用联系的方法进行客观、全面、辩证的分析，它是历史唯物主义在史学研究中的具体应用。比如认识重农抑商政策，首先应该将其放到"战国时期"这一时空下进行分析。战国时期，生产力不发达，农业是主要经济部门。商业与农业争夺劳动力，影响农业生产。另外，商业的不稳定性和商人的流动性大等特点不利于中央集权的加强。所以，统治者为了维护封建统治的经济基础——自给自足的小农经济，巩固封建统治，便实行了重农抑商政策。由此可见，重农抑商政策的实施在当时来说是有必要的。但是，随着社会经济的发展，特别是商品经济的发展，到了封建社会后期，重农抑商政策的推行则阻碍了资本主义萌芽的发展，成为中国日渐落后于西方的原因之一。同样，对中国古代科举制等政治制度的分析，也应该历史地看待。

钱穆曾在《中国历代政治得失》中写道："就汉代察举制度之原始用意言，实在不好算是一种坏制度。但日子久了，那制度就变坏了。"[1]所谓"原始用意"，就是要考虑当时当地的时代背景来分析某制度最初设立的目的。"日子久了，那制度就变坏了"，就是说，随着时代的发展，原来的制度不再适应时代发展的需要，其弊端便凸显了出来。

客观事物是发展变化的，只有把事物发展的不同阶段加以联系并比较，才能透过现象看清本质，从而揭示其发展趋势。

---

① 钱穆：《中国历代政治得失》，北京：生活·读书·新知三联书店，2001年，第36页。

三、辩证分析法

辩证分析法要求实事求是、辩证全面地看待问题，既要肯定成绩，也要指出不足。评价历史人物、历史事件都要一分为二地辩证分析。比如，对评价秦始皇、汉武帝、拿破仑等历史人物，要从功过两方面进行分析，既不能否认杰出人物在历史发展进程中的推动作用，也不能过于拔高夸大。比如，评价"大跃进"时，诚然要分析其忽视客观经济规律的失误之处，但也要看到其反映了当时广大人民群众迫切要求改变我国经济文化落后状况的普遍愿望。又比如，对"辛亥革命"的分析。辛亥革命的发生是历史的必然还是偶然？资产阶级共和之路在当时是轻易还是艰难？辛亥革命后的社会是新颜还是旧貌？辛亥革命的结果是成功还是失败？这些思考问题的角度便体现了辩证分析的原则。再比如，分析"北洋军阀时期的政治、经济与文化"时，既要看到这一时期北洋军阀政治上实行专制统治，经济上维护帝国主义、地主阶级和买办资产阶级利益，文化上尊孔复古，宣传封建纲常的一面，也要看到这一时期先进中国人"在愤懑、叹息之余又开始了新的追求"，如新文化运动。

四、阶级分析法

在史学研究中，阶级分析法是一种通过运用马克思主义关于社会划分为阶级及由此产生的阶级斗争的观点而分析社会历史的方法。这一方法要求我们在对阶级社会中有关历史现象进行研究时，必须分析其所体现的阶级关系，从本质上揭示和把握它们的阶级本质。

唯物史观认为，生产力与生产关系的矛盾运动是推动社会发展的根本动力。在阶级社会里，生产力与生产关系的矛盾运动反映在社会领域就表现为阶级斗争。因此，马克思曾指出："至今一切社会的历史都是阶级斗争的历史。"本书的第二章对此进行了具体的例证，这里不再赘述。

五、计量分析法

计量分析法，是一种利用数学方法对历史史料进行量的分析并进行统计的历史研究方法。计量史学最早产生于 20 世纪 50 年代的美国，我国在改革开放后，逐渐发展起来。随着现代科学技术的发展，运用计量分析法研究历史越来越受到重视，"柱状图""饼状图""折线图"等形式的资料都是运用了计量史学方法。计量史学一般需要通过对材料进行收集、整理、分析、构建数模型（用数学符号数学语言来表达）、验证、预测等步骤。计量史学，通过量的分析，判断历史现象的趋势，使历史研究更加客观理性和科学，进一步丰富了历史研究。

六、比较分析法

比较分析法，就是通过对历史事件、历史人物、历史发展进行比较，从中分析出历史发展的异同，进而探索历史发展规律。比较分析法，既可进行横向的比较，也可进行纵向的比较。史学家很早就运用比较的方法来研究历史，通过比较，不同之处显特性，相同之处现规律。如马克垚教授在《中西封建社会比较研究》中，通过比较中西社会内部的形态结构等，分析了明清时期中国发展落后的原因；朱寰教授在《亚欧封建经济形态比较研究》中，对中、日、英、俄四个国家进行了全方位的比较；而钱穆更是将这一方法贯穿其著作的始终，如在《中国近三百年学术史》中，将顾炎武、黄宗羲等同一时代的学者进行了比较，也将章学诚与汉代王充、宋代叶适进行比较；在《中国历史研究法》以及《中华文化十二讲》中从政治、社会、经济、地理等方面对中西进行了比较。

七、口述史学方法

现代口述史学兴起于 20 世纪中期。1948 年美国史学家艾伦·内文斯在哥伦比亚大学建立哥伦比亚大学口述历史研究室，口述史学作为独立学科和明确的史学研究方法由此诞生。其实在现代口述史学诞生之前，人们很早便运用了口述历史的方式，如《荷马史诗》《春秋》《史记》等都曾引用了口述史料。从广义上来说，口述史学就是一种运用传统的笔录，以及现代科学技术如录音、录像等方式来记录历史事件亲历者或目击者回忆的历史研究方法。

口述史学研究最主要的方式便是访谈，下面就以此为例，简单介绍口述历史研究的一般步骤。

（一）　准备访谈

俗话说，宁要"未雨绸缪"，不要"亡羊补牢"。访谈前，我们应做好准备工作，这样才能顺利进行访谈。访谈准备阶段应该确定以下几个方面：

一是访谈主题。访谈主题一定要紧紧围绕访谈目的，它对具体的访谈问题起着提纲挈领的作用。

二是访谈对象。访谈对象是口述历史的核心和灵魂。访谈对象的选择要体现代表性、广泛性、均衡性。代表性是指访谈对象应是事件的亲历者。广泛性和均衡性要考虑到访谈对象的文化水平、性别、年龄等方面。

三是访谈问题。访谈问题要紧密围绕访谈主题进行设置。问题设置要有逻辑，有层次，可提前与受访者沟通，便于受访者接受。为保证口述历史资料的真实性，需要针对不同的受访者设置相同的问题相互印证。同时也需要针对不同的受访者设置不同的问题，使得口述历史资料更加全面。为了获得较深层次的比较可靠真实的信息，访谈中经常使用非固定回答格式的开放性自由式访谈。自由式访谈需要引导和控制受访者回答问题的方向，以免脱离主题。除此之外，有时为了量化材料，也需要设置回答"对错""是否"类的聚敛性问题。

四是访谈形式。访谈形式有个别访谈、集体访谈、横向访谈、纵向访谈等。根据访谈人数的多少，访谈形式可以分为个别访谈和集体访谈。

个别访谈能够容易走入受访者的内心，获得更深入详细的信息。集体访谈时，受访者之间可以相互交流、补充、纠正，有助于获得更宽泛与准确的信息。团体访谈适用于围绕共同主题开展的研究。横向访谈与纵向访谈是相对的访谈形式。横向访谈一般是指在规定的同一个时间段对不同的访谈者进行一次性的访谈。纵向访谈是指在不同的间隔时间段对同一访谈者或访谈群体进行多次重复访谈。横向访谈侧重于量的研究，纵向访谈侧重质的研究。

五是访谈时间和地点。时间和地点要提前与受访者协商确定。

（二）进行访谈

首先，应该提前到达约定访谈的地点。其次，要调试好设备，保证万无一失。访谈过程中要始终注意语言仪态，让受访者感受到尊重，营造轻松融洽的氛围。访谈过程中最重要的是倾听，不要轻易打断受访者，不要试图控制受访者。同时也要"察言观色"，根据受访者的需要给予回应。

（三）整理访谈

所有访谈结束后需要对访谈资料进行校对保存。在受访者同意的情况下，口述历史资料可以依法合理使用和出版。

第六章

历史的解释与评判

　　在历史学科核心素养中，历史解释体现了对历史思维与表达能力的要求，牵涉时空观念、史料实证、家国情怀等多项核心素养，具有主观性和客观性相结合的特征，是核心素养中的核心能力之一。本章以历史解释为核心词，重在阐释历史叙述、历史解释、历史评判等重要概念，梳理历史解释与历史叙述、历史评判之间的关系，分析对同一史事的历史解释与评判之间存在的差异性表现以及影响因素，并对提高学生历史解释与评判能力提出若干学习建议。

　　通过本章的学习，我们应知道历史著述中历史叙述与历史解释的联系与区别，认识到对历史的理解是进行历史解释的关键；通过一些史学家对同一史事的论述，了解史学家对历史的论述有不同解释与评判，并能够对造成这种不同解释与评判的主要因素加以分析。

第一节
历史叙述与历史解释的关系

一、什么是历史叙述

（一）何为 "历史"

要解答"什么是历史叙述"这个问题，首先要理解何为"历史"。史学理论家何兆武说过："通常我们所使用的'历史'一词包含有两层意思，一是指过去发生过的事件，一是指我们对过去事件的理解和叙述。"[①] 前者指已经成为过去的历史，是过去的客观存在，具有客观性、过去性、唯一性、不可重复性。历史当然可以被认识，所以，后者所说的历史，是指对前者的叙述、理解、解释、评说等，属于历史学范畴。这种对客观历史的认识，既有客观性，又有主观性。客观性是指历史认识的对象是客观的，历史学应该尽量客观地反映历史真相，主观性是指人们在进行记录的时候，会对史料进行适当地理解和选择，在此基础上组织语言，必要时进行评论。由于历史记录是由不同时代、不同立场、

[①] 杨旭：《历史叙述与中学历史教学》，硕士学位论文，河南大学历史文化学院，2018，第 9 页。

不同认知水平和不同价值观念的人完成的，因此不可避免地带有主观性。

（二） 何为 "历史叙述"

历史叙述是指在史料累积的同时，叙述者通过对史料进行分析，进而探索真实历史的面貌，通过外显的历史记录来反映叙述者认识到的真实历史，并使阅读者认识到已经成为过去的历史事实。人作为叙述历史的主体，本身就是主观的，叙述亦是建立在叙述者的回忆或是其对史料的不同理解基础之上。因此，历史叙述不可避免地带有一定的主观性。

下面我们通过示例来说明历史叙述的主观性。古希腊历史学家修昔底德曾经是 "雅典十将军" 之一，他所写的《伯罗奔尼撒战争史》在西方史学史上占有重要地位。该著作记录了公元前 5 世纪前期至公元前411 年，古希腊城邦斯巴达和雅典之间发生的战争。作为历史叙述者，修昔底德在还原真实历史方面，有着别人无法企及的优势：他曾经是 "雅典十将军" 之一，亲自指挥过对抗斯巴达同盟集团的战争。作为军事主帅，他必须统揽全局，分析战争，这种特殊经历使得他对这场战争的体验与看法不同于一般的见证人，他能厘清战争中看似凌乱的关系，并能从一定高度分析和叙述战争发生的原因。此外，战争爆发之时，他正处在思维成熟的年龄段，能够得出比较理性的认识，加之他曾被放逐离开祖国几十年，这种颠沛的生活为他提供了便利，让他能看到交战双方的一切行动，并有充足的时间收集大量相关资料。所以，很多人评价修昔底德的《伯罗奔尼撒战争史》时，指出该书是对公元前431 年至公元前411 年希腊所发生的事情做出的最具权威的描述。不仅如此，经过严格、标准的史料收集工作与客观的因果关系分析，修昔底德的历史叙述被认为是叙事史学的典范，他本人被称为 "历史科学之父"。

然而，修昔底德的历史叙述依然带有个人的主观倾向性。比如说，"修昔底德在演说词中强调的是：雅典人是强大的，是有资格统驭那些弱小的同盟城邦的；而弱小的城邦臣服于雅典、向雅典缴纳沉重的贡纳或派出军队供雅典支配、满足雅典东征西讨的愿望，是天经地义的，更是不容反抗的"①。恃强凌弱者非但没有因为践踏他人的生存权而遭到谴责，却还被认为是"天经地义""不容反抗"的，修昔底德对雅典征服行为的强烈认同将其个人情感倾向暴露了出来。

事实证明，尽管历史叙述应真实、完整地还原历史本来面目，但是其中仍存在一定的主观性。正是对这种主观性的自觉认识，以及由此形成的求真意识，使得历史学得以诞生，并试图寻求一种方法从根本上消除历史叙述中的主观性。

（三）如何进行历史叙述

如何进行历史叙述？我们通过高考真题来举例探讨。

2020年高考（天津卷）历史的第18题如此考查考生的历史叙述能力：

18.（15分）阅读材料，完成下列要求。

历史漫画可以叙史解史。它往往针对重大历史事件、重要历史人物等，使用夸张、比喻、寓意、突出细节等方式，集中反映特定的历史内容和相关历史背景，以及作者对历史问题的认识、解释与看待历史的立场。下面是一幅历史漫画的构思，其中蕴含着历史内容和历史寓意。

雅尔塔会议：合作与未来

漫画的中心是一张圆桌，三把座椅。座椅上分别搭放着一件带有元帅领章的军大衣、一件黑色斗篷和一件咔叽色厚风衣。桌上是一张欧洲地图。桌旁一扇高大的窗户，落地窗帘上端分开，下端聚拢，正好形成一个巨大的"V"形。窗外的天空聚集起阴云。

提示：从（1）（2）中任选一题作答。如果多做，则按所做第一题计分。

（1）结合所学知识，说明上述漫画构思中包含的历史背景、历史内

---

① 易兰：《历史叙述的客观与主观》，《安庆师范学院学报（社会科学版）》2005年第2期。

容和符合史实的寓意。

（2）围绕 1919—1939 年国际关系中的重大事件或历史人物，按照历史漫画的呈现要求，构思一幅历史漫画并加以说明。（要求：自拟标题；写出构思，无须作画；史实准确；观点正确）

试题以要求构思历史漫画和做出说明的形式展现，在本质上可以理解为是对历史叙述能力的考查，即通过对历史漫画包含的历史信息的历史叙述来考查学生对历史的理解。新高中历史课程标准中规定"知道划分历史时间与空间的多种方式，并能够运用这些方式叙述过去""从史料中提取有效信息，作为历史叙述的可靠证据，并据此提出自己的历史认识""区分历史叙述中的史实与解释，知道对同一历史事物会有不同解释，并能对各种历史解释加以辨析和价值判断"，以及"能够客观论述历史事件、历史人物和历史现象，有理有据地表达自己的看法"。上述表述从不同角度指向了以"提取、叙述、解释、论述、表达"为基本特征的历史叙述。

二、什么是历史解释

（一）历史解释的含义

新高中历史课程标准中提道："历史解释是指以史料为依据，客观地认识和评判历史的态度和方法。"[①]

历史研究的对象是过去的事，人们不能直接观察，更不能臆想，只能通过各种史料去间接认识。历史解释首先需要搜集、整理和辨析各种史料，然后去伪存真，最后确定哪些是史实，都有哪些有效信息，然后在此基础上对历史进行理性分析和客观评判，探寻历史的前因后果、来龙去脉及各种相互关系，并对历史做出实事求是的客观评价。

---

① 中华人民共和国教育部制定：《普通高中历史课程标准（2017 年版 2020 年修订）》，北京：人民教育出版社，2022 年，第 5 页。

（二） 历史解释在核心素养中的地位

历史解释牵涉时空观念、史料实证、家国情怀等多项核心素养，具有主观性和客观性相结合的特征，是核心素养中的核心能力之一。历史虽已沉寂，但历史却因解释而生动形象。历史学科之所以常讲常新，具有旺盛的生命力，得益于与时俱进的历史解释。"从五大核心素养的关系上看，时空观念、史料实证和唯物史观是隐形的历史解释，家国情怀属于显性的历史解释。唯物史观是历史解释的理论指导，是最高级别的历史解释。"① 因此，历史解释是学习历史的基本能力之一。

（三） 历史解释的目的

历史学在某种程度上是一门历史解释学。通过历史解释，人们才能够运用可靠的史料去尝试还原历史真相，更加接近真实的历史；通过历史解释，人们才能通过纷繁复杂的历史现象，看到历史的本质；通过历史解释，人们才能明白历史发展的因果联系和客观规律；通过历史解释，人们才能根据时代的需要对历史进行再认识；通过历史解释，人们才能更好地叙述和评价历史。

（四） 历史解释的具体内容

历史解释的内容非常丰富，所有的历史叙述从本质上看都是对历史的解释。对于中学生而言，在提高历史解释素养时要关注哪些具体方面呢？我们首先举例来看教科书中的历史解释是怎样的。

例如，在《中外历史纲要（上）》（2019 年版）第 17 课《国家出路的探索与列强侵略的加剧》中，关于"洋务运动"有这样一段历史解释。原文如下：

经过两次鸦片战争，统治阶级中的一些当权人物看到了欧美国家的

---

① 周梦麟：《高中历史新课标下的"历史解释"与"解释历史"——影响历史解释的教学片断及思考》，《中学历史教学》2019 年第 8 期。

船坚炮利。为了挽救国家的颓势，他们推行了一系列以"自强""求富"为目标的洋务新政。学术界把这种推行新政的系列举措称为"洋务运动"，把提倡洋务新政的官僚称为"洋务派"。洋务派人物主要有奕䜣、曾国藩、李鸿章、左宗棠、张之洞等人。他们认为开办洋务新政，购置船炮器械，"可以剿发逆，可以勤远略"。

为了自强，洋务派创办了一批官办的军事工业，如江南机器制造总局、福州船政局、天津机器局等。为了求富，洋务派又开办了一批官督商办的民用企业，如上海轮船招商局、上海机器织布局、开平煤矿等。洋务派还办了培养翻译和军事人才的学校，建成了以北洋舰队为代表的新式海军。

洋务新政引进了资本主义国家的机器生产技术，是中国早期现代化的尝试。洋务派期望洋务新政可以保障国家安全，抵抗外敌侵略，后来的事实证明这个目的未能达到。洋务派的初衷不是改变封建统治，只是引进资本主义国家新的军事和生产技术，是在封建制度的基础上修修补补，洋务运动的失败是必然的。①

在这段历史解释中包含了以下要素：洋务运动的历史背景（历史事件发生的必要性与可能性）、运动目标、代表人物、实践活动、成就与局限。教材在如何进行历史解释方面提供了很好的示范性。

历史解释这一历史学科素养在考试中是如何体现的呢？我们以2021年山东卷历史第17题为例来回答这一问题。原题如下：

17. 阅读材料，回答问题。

"小英雄"

材料　图为清末儿童读物《启蒙画报》创刊号（1902年6月23日）

---

① 教育部组织编写：《普通高中教科书·历史·必修·中外历史纲要（上）》（2019年版），北京：人民教育出版社，2019年，第97页。

刊发的《小英雄歌》。

附录:

《小英雄歌》(节选)

小英雄,慧且聪,
风姿豪迈天骨冲。
英雄本原有二事,
为子当孝臣当忠。
读书须知辨邪正,
圣经贤传相辉映。
……

小英雄,雄且英,
家之麟凤国之桢。
小英雄,休云小,
少不好学行将耄。
古人因文能见道,
今人开智宜阅报。
……

提取材料信息,对画报塑造的"小英雄"形象加以阐释。

如何把握作答思路?我们不妨以材料中呈现的"小英雄"形象为核心,从"是什么、为什么、怎么样"三个角度展开历史解释。

首先,分析"是什么",即从分析小英雄的形象特点角度作答。小英雄的形象兼备德智体共同发展的特点,下面从三个角度进行分析。

图片中"火枪"这一信息体现了小英雄保家卫国的爱国形象;文字材料中"孝、忠、圣经贤传、地球仪、画报、阅报、慧且聪、好学、开智"等信息,体现了小英雄既受儒学影响,又向西方学习,勾勒了一个聪明且具有世界眼光、中西贯通的学习者形象;小英雄"雄且英",图中的他风姿豪迈，塑造了踌躇满志、雄健尚武，时刻准备建功立业的形象。

其次，分析"为什么"，即从背景角度分析为什么在 1902 年的中国刊物上刻画这样的小英雄形象。

提取材料"清末、1902 年"等信息分析当时的中国现实。20 世纪初的中国，政治上，民族危机严重，正值清末新政，中国各界都在积极探索救亡图存的救国方案；思想上，受"西学东渐"影响，大量西方文化的传入对国人产生了重大影响；经济上，民族资本主义逐步发展，为进步思想的产生提供了经济基础。历史呼唤时代新人的产生，也为新人的产生创造了条件。

最后，分析"怎么样"，即从评价角度审视小英雄的形象，做出相应的价值判断。

小英雄形象背后反映了近代中国人对救国救民道路的积极探索，是时代的产物，具有新旧杂陈、中西结合的特点。

总而言之，进行历史解释的重点，在于说明背景因素、事件内容、历史影响等比较关键的要素。除此之外，还涉及历史事件中的人物、与人物活动相关的思想意识、历史事件的目的、演变过程、不同历史时期的阶段特征等。从整体上讲，我们要梳理历史现象或事件之间的逻辑关联，进而形成完整的历史叙述。

三、历史叙述与历史解释的关系

新高中历史课程标准中写道："所有历史叙述在本质上都是对历史的解释，即便是对基本事实的陈述也包含了陈述者的主观认识。"[1]

关于历史叙述与历史解释关系的讨论很早就存在。历史叙述中囊括

---

[1] 中华人民共和国教育部制定：《普通高中历史课程标准（2017 年版 2020 年修订）》，北京：人民教育出版社，2022 年，第 5 页。

了历史解释，历史解释又通过历史叙述来达成，二者并非泾渭分明，而是关系紧密。例如，不通过历史解释，就很难将 1978 年中共十一届三中全会做出的改革开放决策和由安徽凤阳小岗村推广的分田包干到户行为这两个历史现象联系在一起。我们可以尝试梳理二者的逻辑关系：1956 年以来，中国实行高度集中的计划经济体制。在农村，1958 年开展的人民公社化运动试图用大规模集体生产的方式提高生产效率，但它不适应生产力的实际发展水平，挫伤了农民的生产积极性。1978 年春，安徽凤阳小岗村十几户农民尝试分包土地，自负盈亏，当年摆脱贫困。1978 年 12 月中共召开了十一届三中全会，决定改革开放。其中，对内改革的实质是调整生产关系以适应生产力的发展，在农村表现为取消人民公社，实行家庭联产承包责任制。中共十一届三中全会肯定了安徽凤阳小岗村的经验，在土地公有制基础上，实行分包土地、自主经营、自负盈亏，农民获得生产和经营的自主权，极大地调动了生产积极性。农村改革揭开了对内改革的序幕，有利于农业现代化建设和农村经济发展，助推了城市经济体制改革的开展。

人们通常认为，历史解释具有较强主观性，历史叙述则重在追求内容上的真实性与客观性。"受实证主义影响，史学研究在方法上推崇'客观主义'。实证主义者认为科学研究首先要确定事实，其次要构成规律。"[①] 所以历史学家应"据事直书"，在试图解释历史时要对史料的选择有不偏不倚的姿态，将自然科学研究的方法应用到历史学中。随着学术研究的不断发展，这种说法越来越受到质疑。反对者认为，历史学家在搜集史料时，他必定有主观选择性，而这种选择性又会受到史学家自身政治立场、价值观念、个人气质、问题意识等多方面因素的影响，史学家对过去历史的观察和分析也存在一些特定视角。

---

① 徐浩，侯建新：《当代西方史学流派（第二版）》，北京：中国人民大学出版社，2009 年，第 20 页。

第二节
历史解释与评判的差异性

很多史学家对同一历史现象、事件或人物的论述会有不同的解释与评判。要理解这一差异性，首先我们要知道何为历史评判。

一、历史评判

历史认识从某种角度说是由一个个的历史评判构成的。历史认识可分为三个层次：一为考实性认识，也就是我们说的"确定事实"或弄清楚"是什么"的认识，即通过对史料的分析批判来达到对历史事实的认识；二为因果关系或规律性的认识，也就是"解释事实"或弄清楚"为什么"的认识，即在已经确认的事实基础上，在厘清各个事实之间的相互关系或联系时形成的认识；三为评价性认识，是在前两个层次的认识基础上，对历史上出现的事件、人物、制度和过程等进行是非善恶或利弊得失的评价的认识。与以上三个层次的历史认识相对应，历史判断相应地分为事实判断、成因判断和价值判断。

（一）事实判断

事实判断的目的在于探寻历史事实的真相，为进行后面两个层次的判断打下牢固的基础。离开了事实判断，其他各种历史判断都会成为无源之水、无本之木。

（二）成因判断

人们在完成了事实判断后，一般都要接着追问为什么会有这样或那样的事情发生？为什么事情会是这个样子而不是那个样子？就是说，人们要对为什么会有这样或那样的事实做出解释。对事实的这种因果解释，我们称之为"成因判断"。成因判断就是人们对历史事实出现的原因做出的判断，实际上就是对事实出现的因果规律性做出的判断。

（三）价值判断

价值判断是人们对历史人物、事件、制度、过程的是非善恶或得失利弊做出的评价。一些标榜客观主义的学者声称，历史学家必须保持客观公正立场，不偏不倚，不能对他研究涉及的历史人物、事件、制度或过程做出是非善恶或得失利弊的评价，如兰克的客观主义即持此说，但这是根本做不到的。任何人对待历史人物、现象等都必然有一个判断其是非善恶或利弊得失的价值标准，而且必然会有意无意地、或隐或显地把他的价值判断表现出来。历史学本来就是为了满足人们鉴往知来、吸取经验教训的需求而发展起来的一门学科。如果不能满足这种需求，则就会失去历史学存在的价值。而要满足人们鉴往知来、汲取经验教训的需求，历史学家就应该进行一定的价值判断。

价值判断，自古有之。在我国古代，史学家在价值判断上有一个突出特征，那就是看重德行，这一点受到儒学的极大影响。例如，伯夷、叔齐在历史上并没有什么特殊事功表现，却因为宁愿饿死首阳山也不食周粟而被列于《史记》列传之首；功劳不大、却重义轻利并与同窗"割席"的管宁在《三国志》中也有一席之地。德高才会望重，即使是一般平民百姓，如果在道德上有过人之处的（特别是孝子贤孙、节妇烈女），也可青史留名。比如，济南有一条闵子骞路，就是为了纪念"二十四孝"中的闵子骞。闵子骞的老师孔子曾经称赞说："孝哉，闵子骞！人不间于其父母昆弟之言"。关于他"单衣顺母"或"鞭打芦花"的经典故事亦被很多人熟知。由此可见，史学家价值判断的鲜明性。

（四）三者之间的关系

对于事实判断、成因判断和价值判断三者之间的关系，我们可以归结为：事实判断是基础，成因判断是关键，价值判断是目的和归宿。事实判断回答的是"是什么"的问题，成因判断回答的是"为什么"的问题，价值判断回答的是"（应该）怎么办"的问题。这三个层次的判断组合起来，就形成了一个完整的历史认识。或者说，一个完整的历史认识应该甚至必然会包含这三个层次的判断。

二、差异性的表现

在现实中，人们对同一史事的论述常常有不同的解释与评判。我们可以将这种差异性分两类。

（一）对同一史事的历史解释与评判的角度或者侧重不同

如何理解这一种差异呢？"即各个不同的历史解释之间，不存在实质的冲突，只是选取了不同的侧面、不同的视角罢了。"[1] 比如，我们在课堂上用多元史观去评价鸦片战争、新航路开辟、工业革命等事件，这就是比较典型的表现。不管从文明史观、全球史观、近代化史观中哪一个角度出发，都能得出合理的历史解释。

下面我们列举唐朝藩镇制度来进行具体说明。大多数研究者认为，藩镇名义上服从唐朝中央，实际上实行割据，由此得出结论：藩镇林立对中央集权造成了很大威胁，是导致唐朝灭亡和随后五代十国局面出现的重要的原因。如果单从这一个侧面评判藩镇制度，我们很容易形成一个结论：藩镇的设置是一项考虑不周、隐患重重的错误之举。

然而，经过部分学者的研究发现，唐朝的藩镇类型很多，比如河朔

---

[1] 周云华、黄飞：《例谈学生历史解释能力的培养》，《历史教学（上半月刊）》2017年第5期。

割据型、中原防遏型、边疆御边型、东南财源型等，除河朔割据型外，其他类型藩镇大多服从中央，而且在防范地方藩镇反叛、保卫国家、增加税收等方面起到了重要作用，也在一定程度上维护了唐朝的统治。

由此可见，对于唐朝藩镇制度的评判，人们从不同角度和侧面入手，所得结论是不同的。类似这样的评判，不胜枚举。

（二）对同一史事的历史解释与评判观点对立

如何理解这一差异呢？即不同的历史解释之间差异很大，甚至会完全矛盾，形成实质的冲突。这就需要分析不同史学家对同一史事的论述，首先应明确各方解释、评判的不同之处是什么，其次从史料来源、依据、理念、目的等不同的方面，解释存在矛盾冲突的本质何在。

例如，关于第二次世界大战后，美苏两国从战时盟友转变到敌对对手的原因，存在两种对立的历史解释。第一种解释认为美苏由盟友变为对手是苏联政府一手造成的。至于原因，要从苏联的民族文化传统和强硬外交政策等角度分析。另一种解释大相径庭，认为是美国政府造成了美苏由友到敌的转变。二战后，美国企图称霸世界，经济上实行马歇尔计划，军事上成立北约，企图控制欧洲进而遏制苏联，种种措施促推敌对局面的出现。明确了二者的差异性后，我们要通过对史料来源（美苏两国的历史学家）、依据（两者文化传统、国家性质的不同）、目的（论证己方措施的正义性、合理性）等的分析，得出美苏历史学家都是从维护国家利益的目的出发。这样来看，这两种对立的历史解释是受到了不同的国家利益和意识形态的影响。虽然特定的历史解释不一定是正确的，但通过对不同历史解释的对比和分析，恰恰能够"不断接近历史真实"：美苏由盟友变为"对手"的主要原因包括国家利益的冲突、意识形态的对立等。

像这样对同一历史事实的不同解释和评判事例还有很多。例如，在1840年英国对中国清王朝发动的战争命名问题上，有些国外学者称其为第一次中英战争或"通商战争"，无论哪一种命名方式，都掩盖了战争的侵略性、非正义性；我国史学界称这场战争为"鸦片战争"，则是鲜明、实事求是地指出了英国发动这场战争的侵略性质。历史叙述者应当依据正确、可信和充分的史料做出历史解释，如果历史叙述者只是为了个体或某些集团的利益而随意忽略、扭曲历史，就会做出无效的历史解释，受到大众排斥。

三、影响历史解释与评判的因素

影响历史解释的因素有很多，包括关键因素和其他因素。

（一）影响历史解释的关键因素

"没有理解就没有可以支配历史资料的背景概念和框架，因而就不可能进行历史的叙述。"[1] 对历史的理解是进行历史解释的关键。

1. 什么是历史理解

"历史理解是一种试图从历史现象所独有的特殊性出发来把握历史的认识方式；是历史叙述和解释中必不可少的部分和前提；更是一种积极认识人类社会的态度和愿望。"[2]

细看新高中历史课程标准，历史理解尽管没有出现在五大学科素养中，但不能否认它的重要意义和价值。历史理解是一种关键能力，在培养学科核心素养的过程中起着极为重要的纽带和桥梁的作用。

2. 历史理解与历史解释的关系

历史理解与历史解释既有区别，又有联系。在历史研究中，二者难以分开，统一存在于历史叙述中。为了更好地了解历史叙述的特点，人们把历史理解同历史解释做了一些区分。历史理解需要还原具体的历史语境，依靠同情理解，建立起史实间的联系，构建起历史脉络；需要丰富的想象力以及立足当时时代来评判前人的宽广胸襟。历史解释则需要

---

①　韩震：《叙述、解释与历史编纂》，《哲学研究》2001 年第 6 期。

②　肖明：《高中历史教学中历史理解素养的培育》，硕士学位论文，扬州大学社会发展学院，2017 年，第 11 页。

具体探寻历史事件之间的因果逻辑关系，并通过理性缜密的思考，对其进行价值判断并解释其意义。也就是说，历史解释更加容易受到人的主体性影响。因此，不同的历史学者对待同一历史人物、事件、现象等所做出的历史解释是不同的，甚至差别很大。

理解历史需要理解具体历史的时代背景，理解特定历史时代环境中的人、事，联想地理空间背景，总体把握历史现象所折射出的时代特征，并从当时的历史背景条件中去分析、评判问题。就像陈寅恪先生所说的，对历史应该抱有一种"了解之同情"。作为历史认识的主体，只有去了解、感受、体会真实境况下的历史和当时时代背景下人们所面临的实际问题，才能理解比较真实的历史。2020 年高考历史全国卷 I 的第 24 题对此有所考查，原题如下：

24. 据《史记》记载，春秋时期，楚国国君熊通要求提升爵位等级，遭到周桓王拒绝。熊通怒称现在周边地区都归附了楚国，"而王不加位，我自尊耳""乃自立，为（楚）武王"。这表明当时周朝（　　　）

A. 礼乐制度不复存在

B. 王位世袭制度消亡

C. 宗法制度开始解体

D. 分封制度受到挑战

该题答案选择 D。充分理解把握该题相关的时代特征是解题的关键。

首先，周桓王拒绝楚国国君提升爵位等级，这里除了要考虑到这一做法有利于维护周朝上层统治的秩序外，我们还要理解早在西周初年原本在周统治范围内的楚国的地位并不尊贵。西周时期，中原地区的诸侯国经济、文化较为发达，具有较强的政治、文化优越感，他们视江南为荒蛮之地，身处南方的楚人经历了被周天子和中原诸侯国鄙视的心路历程。

西周初期，周成王追封功臣后裔，熊绎受封，楚国由此而来。周成王六年（前1037），周公"制礼作乐"，要求诸侯歃血为盟，拥护周天子为"天下共主"。熊绎带着厚礼跋山涉水来到镐京，却连席位都没有，还被排除在盟会之外。周康王在位时期，熊绎再一次来到镐京朝贡周天子，结果周康王给齐、晋、卫、鲁的国君都赠送了礼物，唯独没有回赠楚国，由此可见楚国地位并不尊贵。

其次，要理解春秋时期楚国国君敢于"自立，为（楚）武王"时代背景。周平王东迁后，王室衰微，诸侯纷争、礼崩乐坏，周天子"天下共主"的地位名存实亡。公元前704年，其他诸侯国国君还在称"公"时，楚武王凭借强大的实力自立为"王"，公然叫板周天子。公元前606年，楚庄王"问鼎中原"之后，诸侯纷纷称王。由此观之，熊通的做法使等级森严的分封制度和礼乐制度受到了挑战。

3. 如何提升历史理解力

第一，应当注重对批判性思维的培养。中学教育的重心之一是培养学生的思维品质。关注逻辑，重视证据，绝不要人云亦云，要"知其然，知其所以然"。历史学科的研究贵在质疑和释疑，应从发现问题起步，在全面收集到有价值的材料后进行详细的史料辨析考证，进而得出属于自己的结论。

例如，李自成起义军中的李岩长期以来被视作明末农民起义中的一位重量级人物，在《明史》《明季北略》中都有所体现。郭沫若在《甲申三百年祭》中用大量的篇幅讨论李岩的问题。"历史学家顾诚在研究明末农民起义的过程中，翻阅诸多史料却没有发现有确凿证据表明有李岩这位人物。经过缜密的推理，得出李岩实际上是一个经后人杜撰的历史人物，史籍中的记载是误用了小说的虚构情节。他于1978年发表了《李岩质疑》一文引起了史学界的关注。"[1]

---

[1] 肖明：《高中历史教学中历史理解素养的培育》，硕士学位论文，扬州大学社会发展学院，2017年，第13页。

在信息化时代，无论是当下学习还是未来工作中，人们每天都会面对大量的信息，这其中有真实确切的、也有不严谨的、甚至是错误的，需要认真辨析，批判性使用。批判性思维一种十分重要的思维方式。作为青少年，绝大部分缺乏社会经验，如果在历史课堂中能够培养和训练批判性思维，中学时代的这份收获会帮助同学们更好地适应未来的现实社会生活。

第二，置身特定的历史时空去观察、分析历史事件和历史人物。历史事件、历史现象、历史人物等都是特定时代、环境下的产物，只有回到产生它们的时空条件下去加以观察和分析，才能真正理解。

抗美援朝，这是一场代价昂贵的战争。我国无数英雄儿女为了保家卫国献出了宝贵生命。回想战争之初，美军部队全部实现机械化和摩托化，而中国人民志愿军武器落后，没有坦克，没有摩托化装备，运输汽车的数量少……空中力量悬殊更大，当时中国人民志愿军不但没有飞机，连防空武器也极端缺乏，这是否意味着我国在当时不具备出兵条件呢？

置身当时历史环境中，如果我国不出兵，坐等美韩军队挺进到鸭绿江边，国家利益就将面临直接且巨大的挑战：一是新的威胁突然在新中国的战略后方出现，我国国力、军力会由此受到极大牵制；二是东北重工业区由战略后方变成前方，将严重影响我国经济恢复和国民经济发展；三是如果朝鲜半岛被美韩军队占领，不但我国东北三省将失去战略屏障，而且朝鲜半岛可能再次变成侵略者入侵中国的跳板。由此可见，抗美援朝是新中国刚成立时为巩固新生政权做出的艰难选择，是特定时代下的必然选择，我们应当将历史事件置身到特定的时空下去分析。

（二）影响历史解释的其他因素

除了上述提到历史理解这个关键因素之外，影响历史解释的因素还有很多，下面我们分别从四个角度展开分析。

1. 文明程度和生产力发展水平

文明程度和社会生产力发展水平会限制历史认识的视野，人们只能在各自所处的时代条件下去认识历史，而且这些条件在这个时代达到什么程度，决定了人们能认识到什么程度。例如，如果我们请不同历史时期的人解释描述"世界"这个概念，答案肯定是不同的。15世纪以前，由于生产力和科技水平落后，世界不同地域文明之间的联系十分有限，从中外15世纪左右的世界地图可以看出这一点，人们意识中的"世界"是狭小的，比如欧洲人还不知道美洲的存在，甚至大多数人并不知道地理概念上的"地圆说"。

新航路开辟以后，西方人的意识中的世界才随着他们的足迹拓展开来，外显在地图上的世界才越来越接近真实。然而，此时处在明清时代的中国却选择了闭关锁国，将自己锁在了"天朝上国"的美梦中，在向近代化的转型大潮中逐渐落后。19世纪上半期以来，资本主义世界市场越来越繁忙，在工业文明的冲击下，西方资本主义国家在各个领域愈发努力地打造这个以欧洲为中心的新世界。而固守农耕文明的国人仍在闭关锁国的状态中继续着"天朝上国"的大梦。因此，即便处于同一时代，在不同的文明进程下，人们对同一现象的认知也会不同。鸦片战争发生后，一些先进的中国人才逐渐被这"三千年未有之大变局"惊醒，地主阶级中的有识之士林则徐、魏源等开始从世界地理知识入手，倡导开眼看世界，启蒙国人思想。将视线由历史拉回当下，在全球化、信息化高度发达的今天，人员、资金、商品在全球范围流动、交融，世界形成人类命运共同体。再次放眼世界，定与前人不同，究其原因，与其说是岁岁年年人不同，不如说这就是生产力推动与发展的结果。

2. 不同时代和国家的政治文化和价值观念不同

美国行为主义政治学的代表人物阿尔蒙德认为，政治文化是在特定时期一个民族持有的一套政治态度、信仰和情感。一个国家或民族在不同时代面临的时代主题不同，会形成反映不同时代风貌的政治文化。

由于受不同的阶级立场和价值观念、国家利益等影响，人们在分析同一历史事物时，会有截然不同的历史解释。如前面提到的中西史学界关于鸦片战争究竟是侵略战争还是通商战争的争论等。时代主题不同，人们对同一历史事物的解释侧重点和标准也会随之改变。同时，政治文化观念影响深远，不仅在同一地理空间范围内会形成强大的社会群体性心理认同，而且会在相当长的历史时间内影响人们的认知。如古代中国受专制主义中央集权、农耕为本、儒家伦理等影响而形成的"天朝上国"心态，不但衍生出朝贡体系、海禁和闭关锁国政策，更是导致中国在近代逐渐落后于世界。又如，西方近代凭借工业文明优势、代议制政府组织优势、近代科学技术优势与强大武力征服世界的过程被西方人美化为"承担白人的责任"。

此外，主流价值观的内涵也会随着时代的变迁而发生改变。比如，西方人文主义精神内涵，在文艺复兴、宗教改革、启蒙运动中就呈现了不同的面貌。再如，中国古代儒家学说在先秦时期、秦汉时期、宋明时期、明清之际的发展与表现均有不同，呈现出"因时之变"和"因世之用"，这都验证了这一点。

3. 史学理论和观念发展水平不同

史学观念、理论的不断进步，为人们认识历史提供了更加开阔的史学研究视角。面对相同的历史事实，不同的历史学家的历史建构也会有所差异。历史事实是基本零件，但不是全部。对建构历史起重要作用的，还有理论和史识。随着时代的发展，在唯物和唯心两大根本历史观之下，先后涌现出了多元史观（这里所说的史观，更准确地说，应是历史研究的范式，并非根本历史观），如革命史观、文明史观、全球化史观、社会史观、近代化史观等。比如，同样分析洋务运动，如果使用革命史观分析，则更多运用阶级分析的方法，从维护地主阶级利益和镇压农民起义的角度加以否定；如果用近代化史观分析，则更多侧重洋务运动时期多方面举措推动了中国近代化的角度加以肯定。再比如，"人们可以在很宏观的视野中研究历史，如李伯重先生引入'17世纪全球危机'理论解释明朝灭亡，认为明朝灭亡不是一个孤立事件，而应归因于17世纪全球气候变化和早期经济全球化影响的大格局中。也可以运用'微观史学'的方法建立认识历史的独特视角，如周旭东先生从决策与战争起源的角度，分析了决策者决策和处理危机能力对两次世界大战爆发的影响"①。

4. 历史解释的主体存在个性差异

同一时代的人，由于个体性差异，势必会产生不同的历史认知和解释。个体性差异由社会背景（如地域、阶级、利益等）、家庭背景、个人背景（如过往经历、受教育水平、性格差异等）等方面的不同而造成，这些差异必然影响不同研究者看待问题的立场、角度、情感态度价值观取向、研究方法和思维方式等。如人们对李鸿章的解释评判，由于受到阶级归属、认识立场、对事实真相的把握程度（或占有史料及真伪）、采用的研究方法等因素的影响，就会产生带有明显主观倾向性的不同看法。需要注意的是，有时候某一方面存在的差异就足够造成历史解释之间的天壤之别，甚至是同一个人对同一个历史现象解释也会发生"此一时彼一时"的变化。

---

① 张俊田：《认识不同"历史解释"的途径及建构意义》，《历史教学》2017年第7期。

第三节
关于提高历史解释与评判能力的学习建议

通过分析影响历史解释的多种因素，考察不同历史解释的认识角度，我们得以尝试理解不同的历史解释并在此基础上做出较为客观的评判。那么，如何提高历史解释与评判能力呢？下面提供几条学习建议供同学们参考。

一、置身特定的历史时空

例如，我们分析评价中国古代分封制度。西周建立后，为巩固统治，西周实行分封制度，取代商朝的内外服制度。周王"封邦建国""授土""授民"，将同姓贵族、功臣、先代贵族分封到各地做诸侯王，这些诸侯王建立了多个诸侯国。诸侯王在被授予管理地方的权利的同时，必须承担相应的义务，如服从周王命令，定期朝觐，派兵随同周王作战，交纳一定贡物等。这种分封制度在当时适应了社会的经济政治发展水平，较之商朝的内外服制度，周王对地方的统治得到加强，国家疆土得到拓展，各地方对中央的向心力和文化认同不断增强。到了春秋战国时期，随着铁器、牛耕的使用和推广，井田制瓦解，加之血缘关系的疏远，王室衰微、大国争霸、兼并战争等混乱局面出现，分封制度的弊端充分暴露，后被郡县制取代，也是历史的必然。

再如，我们考察两汉时期的察举制这一重要的选官制度。汉武帝实行察举制，适应了和平时期国家和社会治理对官员的德、才方面的实际需要，为两汉选拔了大量的人才。虽然此项制度将推举人才的权力交予地方，选拔的权力也容易被地方势力利用，但在西汉及东汉初期，总体来说，利大于弊。到了东汉后期，随着东汉政治和社会秩序大乱，地方豪强控制了地方选人权，察举制成为地方豪强进一步发展自己势力的工具，这时弊大于利，这一制度也就逐渐走到了尽头。

二、价值引领判断

当我们置身特定历史时空进行历史理解时，常常会做出相应的历史判断。这里的历史判断是事实判断和价值判断的统一。

事实判断是历史判断的基础，重在求真。我们应学会对事实背后所依据的史实进行分析和判断，看有没有正确的、足够的史料支撑。比如看待新文化运动时，人们常常有"对东西方文化持绝对肯定和绝对否定的倾向"的评价，对这种解释进行事实判断时必须明确这种评价的主要事实依据是什么？是后人的评价还是当时力保封建文化和道德的国粹派的评价？他们为什么这样评价？如果仅从新文化运动提出"打倒孔家店"的口号或提倡民主、科学的主张出发来评判，就未免太过肤浅和武断。如果回归当时李大钊、胡适、陈独秀等人的文章和著述，思考他们提出这些主张或口号的出发点和用意，就会有全新的认识和不一样的结论。

价值判断是历史判断的目的和归宿，贵在求用、求正、求善。一般人们在评判历史时，往往会从自己的立场和价值取向出发来判断是非。正确的做法首先是秉持正确的历史观即唯物史观，用联系的、发展的、辩证的、矛盾的眼光分析问题；其次要滋养"家国情怀"。在涉及国家民族根本利益时，必须有鲜明的是非观和价值取向，如对于日本政要或史学界屡屡提出的否定与歪曲日本侵华和侵略亚洲国家历史的言论或观点，我们首先要用大量可信的史实和史料，指出其歪曲篡改历史的事实，然后要进一步揭露和批驳其篡改历史、意在否定侵略战争性质、无视对亚洲人民造成的巨大伤害和不承担历史责任的扭曲的历史价值观。另一方面，家国情怀并不排斥世界意识，应该理解和尊重世界上其他文明及其成果，知道世界文明多元共生的重要性。

在中华民族日益崛起并不断融入全球化大潮的今天，我们无论是看待历史问题还是面对现实困境、面向遥远的未来，决不可采取历史虚无主义态度。当然，盲目、狂热的民族自大主义同样不可有。守住根柢并以开放理性的态度了解、接纳、看待世界，才是应有的大国心态。有了正确的历史观和价值观，才不会在看待历史的大是大非中迷失方向，最后才能达到向善臻美的归宿。

三、全面客观辩证评价

由于历史现象不是孤立存在的，尤其是对历史发展产生了重大影响的历史现象或事件，往往是多重因素共同作用的结果，也会对当时与后世产生多方面的影响，其间动机与效果、进步与反动、积极与消极、表现与本质等，令人眼花缭乱。因此，必须坚持全面、客观、辩证的评价。

例如，麦哲伦航行至菲律宾，在与当地人的冲突中死去。在很多菲律宾人眼中，麦哲伦是制造殖民罪恶的强盗，而在欧洲人眼中，麦哲伦则是探索新航路的英雄与勇士。这是两种完全不同的历史解释，这两种解释都仅仅是从一个侧面解释和评价这一复杂的历史事件，因此并不全面，也难以做到客观、辩证。如果我们站在全球的视野分析问题，以事实为依据，客观地分析新航路开辟中麦哲伦航行对世界整体造成的不同的影响，那么历史解释就可能更为合理与全面，也就更为客观和辩证。

　　需要注意的是，此处提到的"全面客观辩证"评价也不可避免地具有相对性的特征，因为我们在进行历史解释和评判（以及对他人的历史解释价值评判）时，也难免会带有一定的主观倾向性。所以要认识到"做出自己正确的评判"永远是相对的，不要认为自己在评析他人历史解释的局限性时，就掌握了"绝对真理"的历史，要清醒地知道人在认知历史的过程中会不可避免地会带有这样或那样的局限，因而我们也应理解和客观看待他人的评价。

附　录

认识明朝内阁制度需要把握的几个问题
——对统编高中历史教材中关于明朝内阁制度相关表述的理解

摘要　明初废除宰相制度后，新的中央辅政机制的创立在所难免，明朝统治者逐渐摸索着建立了内阁制度。由于明朝内阁制度与历史上的宰相制度存在相似之处，因此，从理论上分析并加以历史比较，有助于我们深入理解明朝废除宰相制度的本质，更好地理解统编高中历史教材中关于明朝内阁制度的有关表述。

关键词　宰相；内相；内阁制度；票拟；首辅

一、问题的提出

在中国古代政治制度发展史上，明太祖朱元璋废除宰相制度是一件大事。在各版本的中学历史教科书中，无论是在中国通史还是政治方面的专题史中，都会提及这一史实。但在实际理解这个问题时，由于没有更多的历史解释，常让人感到知其然而不知其所以然，尤其是对明朝新出现的内阁制度与历史上的宰相制度的区分不甚明了，颇为疑惑。现行统编高中历史教材关于明朝内阁（制度）也出现了新的表述："内阁大学士备皇帝顾问，协助皇帝处理各种政务，内阁逐渐成为事实上的行政中枢"① "明朝中后期，有的大学士深得皇帝信任，权力很大，被比喻为

---

① 教育部组织编写：《普通高中教科书·历史·选择性必修1·国家制度与社会治理》，北京：人民教育出版社，2020年，第5页。

宰相"①。如何理解上述表述？内阁大学士是否是"宰相"？内阁制度是否就是宰相制度？本文将对上述问题试做解释。

二、何为宰相

"宰，即主持；相，即弼辅。宰相有时亦称宰辅、宰执、宰臣等，是辅佐国君总领天下大政的政府最高行政长官。古代天子传子，宰相传贤，传子以求政权稳定，传贤以求国家得到善治。"② 实际上，除辽代外（辽设北、南宰相府，下设左右宰相，"宰相"为正式官名），"宰相"在历代王朝都不作为正式官名，也不仅仅指某个人，而是泛指"百官之长"，指的是参与政府最高决策和主管全国行政的一个政治集团。秦汉时期以丞相为首的"三公"，隋唐时期三省长官（及参加政事堂议政，有"同中书门下三品""同中书门下平章事"等衔者），宋代中书令、平章政事、枢密使，元朝中书省长官（中书令、左右丞相）在历史上皆为宰相。

那么，宰相的权力如何呢？或者说，具备怎样权力的人才可被称为宰相？

中国古代历史上，虽然宰相从来不是一个正式官名（辽代除外），宰相具体指哪些官员，并无明文规定，而是皆出于不成文法，但是由于宰相设定代代相沿，于是约定俗成，历代宰相的权力是清楚的：

（冢宰）入（宫）则参对（君主）而议政事，出（宫）则监察（百官）而董（正）是非。③

——《后汉书·郭陈列传第三十六》

宰相之职，佐天子总百官、治万事，其任重矣。④

——《新唐书·百官一》

---

① 教育部组织编写：《普通高中教科书·历史·必修·中外历史纲要（上）》（2019年版），北京：人民教育出版社，2019年，第72页。

② 李孔怀：《中国古代行政制度史》，上海：复旦大学出版社，2006年，第81页。

③ [南朝宋]范晔：《后汉书》卷四十六《郭陈列传第三十六》，[唐]李贤等注。北京：中华书局，1965年，第1565页。

④ [宋]欧阳修、宋祁：《新唐书》卷四十六《志第三十六》，北京：中华书局，1975年，第1182页。

根据中国古代宰相制度存在的史实，一般认为成为宰相必须具备两项权力，缺一不可：

第一，必须拥有议政权。宰相可以进宫谒见皇帝，共议国家大事。虽然历史上曾出现过少数非常有作为的皇帝，但毕竟不是常态。由经验丰富的宰相出谋划策（包括对皇帝的谏诤），君相合作以确定政事、人事等方面的大政方针，从而维护统治阶级长远统治和整体利益的这一做法，自战国以来（尤其是秦统一全国后）就作为一种统治经验被认可并固定下来。因此，没有议政权，便不能算作宰相。

第二，必须有监督百官的权力。经皇帝与宰相商议形成的决定，还要由宰相负责监督百官去执行，以达到预期的统治效果。百官执行之事，因任务繁重，原则上君主不管，要靠宰相去监督、指挥。

因为兼有这两项至关重要的权力，宰相便处于"一人之下，万人之上"关键职位，成为国家的行政中枢。

由此，我们可以这样理解：宰相制度是一种由居于皇帝和百官之间、同时掌握最高议政权和执行权的政治集团（宰相）辅佐皇帝施政的制度，是中国古代政治制度的重要组成部分。在地位上，宰相制度仅次于皇帝制度。

尽管自秦朝以后，中国古代的宰相制度不断演变，经历过从首长制到委员制的发展历程，相应地也经历过独任制、群任制等结构形式的变迁，但"佐天子总百官、治万事"的宰相制度在明太祖废除中书省和宰相之前一直存在。在至高无上的皇权之下，宰相制度是中央行政制度的核心，宰相起着既参与议政决策，又负责执行的重要职能。

三、所谓"内相"

在历史上，由于统治的实际需要以及皇权与相权的矛盾冲突等，皇帝会任用一些品秩较低又符合自己需要的人充当私人秘书，逐渐出现了秘书咨询官员，如汉代的领尚书事、中朝官，魏晋南北朝的中书监令、侍中，唐宋时期的翰林学士等。由于这些秘书咨询人员的职责是在重大政事上为君主出谋划策，提供咨询，一定程度上侵夺了相权，于是，有时也被称为"宰相"，导致了"宰相"在称谓上的一些混乱。但只要认真翻阅史书就会发现，这些皇帝的私人秘书，更多的情况下被称作"内相"。例如：

（翰林学士）专掌内命。凡拜免将相，号令征伐，皆用白麻（纸）。其后，选用益重，而礼遇益亲，至号为"内相"，又以为天子私人。凡充其职者无定员。①

——《新唐书·百官一》

（唐德宗时，陆贽为翰林学士）机务填委，征伐指踪，千端万绪，一日之内，诏书数百。贽挥翰起草，思如泉注。……其于议论应对，明练理体……虽有宰臣，而谋猷参决，多出于贽，故当时目为"内相"。②

——《旧唐书·陆贽传》

按唐之所谓翰林学士……未尝有一定之品秩也。故其尊贵亲遇者号称内相，可以朝夕召对，参议政事，或一迁而为宰相。而其孤远新进者，或起自初阶，或元无出身至试令草麻制……其人皆呼学士。自唐至五代皆然。③

——《文献通考·职官八》

然则翰林学士之官独不可通之与前代乎！……至于出入禁闼，特被亲遇，参谋军国，号称内相，则汉、魏以来侍中、领尚书事、秘书监、中书监之类是也。④

——《文献通考·职官八》

（翰林学士）掌制、诰、诏、令撰述之事。……乘舆行幸，则侍从

---

① ［宋］欧阳修、宋祁：《新唐书》卷四十六《志第三十六》，北京：中华书局，1975 年，第 1183—1184 页。

② ［后晋］刘昫等：《旧唐书》卷一三九《列传第八十九》，北京：中华书局，1975 年，第 3791—3817 页。

③ ［元］马端临等：《文献通考》卷五十四《职官八》，北京：中华书局，1986 年，第 491 页。

④ 同上书，第 492 页。

以备顾问，有献纳则请对，仍不隔班。①

——《宋史·职官二》

（苏）东坡在翰林……为内相。②

——《梁溪漫志·学士不草诏》

上述史料清楚表明，"内相"作为"备顾问"的秘书职位，其权力只是限于"参议政事""谋猷参决"、草拟诏令等，丝毫不涉及"总百官"之事，即没有监督百官执行权。《文献通考·职官八》也有"（翰林学士）不当豫外司公事"③的说明。这就是明代以前秘书咨询官员与宰相的最基本区别。作为"天子私人"，也就意味着仅仅是替君主个人出谋划策、草拟诏令而已，而不得参与外朝宰相等的诏令执行之权。内相"或一迁而为宰相"，但终究不是宰相。

以上分析，对我们认识和理解明朝废除宰相制度的本质、内阁大学士是否是宰相、内阁制度与宰相制度的关系等问题，至为重要。

四、明朝内阁制度的产生和发展

明朝建立之初，职官设置沿袭元朝，中书省为中央最高行政机构，设左、右丞相，下设六部。明朝官制设置按品级，自正一品至从九品，共分十八个等级。三师（太师、太傅、太保）、三孤（少师、少傅、少保）为明朝中央最高级官职，三师为正一品，三孤为从一品，太子三师为从一品，太子三孤为正二品，以上官员虽地位尊崇，却是一种虚职，是皇帝对大臣的加官和赠官。中书省左、右丞相为正二品，六部尚书为正三品。

在朱元璋罢宰相、废除中书省（洪武十三年，1380）后，六部直接对皇帝负责，六部各尚书实际上成为朝廷的最高行政长官，其品位也从

---

① ［元］脱脱等：《宋史》卷一百六十二《志第一百一十五》，北京：中华书局，1985年，第3811—3812页。

② ［宋］费衮：《梁溪漫志》卷二《文武官制》，见《钦定四库全书》。

③ ［元］马端临等：《文献通考》卷五十四《职官八》，北京：中华书局，1986年，第489页。

正三品升为正二品。"这样的变动，实质上就是在行政上，由皇权完全兼并相权，皇帝实际上是总尚书……朱元璋意图一劳永逸地解决历史上长期存在的皇权与相权的矛盾，希望使自己的统治安如磐石"①。按照现代政治学的观点，朱元璋的初衷就是将国家元首和政府首脑集于一身。"取消中央的公开政务机关中书省，朱元璋本来是想完全以独夫一人治天下的，但事实证明，这在实际上不能完全做到。因此，他不得不使用翰林院的学士、编修、检讨、修撰、侍读等所谓的文学侍从官员协助做一些文墨工作"②。史载：

（太祖曰）人主以一身统御天下，不可无辅臣。

——《明太祖实录》卷一三三

（十三年正月，诛丞相胡惟庸，遂罢中书省）……十五年仿宋制，置华盖殿、武英殿、文渊阁、东阁诸大学士……又置文华殿大学士……秩皆正五品。二十八年敕谕群臣："国家罢丞相，设府、部、院、寺以分理庶务，立法至为详善。以后嗣君，其毋得议置丞相。臣下有奏请设立者，论以极刑。"当是时……大学士特侍左右，备顾问而已。③

——《明史·职官一》

明朝洪武时期的殿阁大学士，秩正五品，仅备顾问，"职卑位微"，并无实权，"帝方自操威柄，学士鲜所参决"。这种将皇权与相权集于一身的统治体制，在朱元璋时期尚可勉强运行。但以这样的体制推动国家机器的运转，并非常态，可以适用于一时，却不能长期维持，因为由一个至高无上的皇权全权独揽，事必躬亲地履行全部统治职能，显然难以世代相承，而且朱元璋在世时也已经意识到"不可无辅臣"。朱元璋死后，新的辅政机制出现在所难免，这是中国古代君主专制制度发展的规律性使然，是不以任何人的意志为转移的，擅权如朱元璋者，也终究无

---

① 韦庆远主编：《中国政治制度史》，北京：中国人民大学出版社，1989年，第355页。
② 万昌华：《秦汉以来中央行政研究》，济南：齐鲁书社，2012年，第306页。
③［清］张廷玉等：《明史》卷七十二《志第四十八》，北京：中华书局，1974年，第1733页。

法违背这一历史规律。殿阁大学士"仅备顾问"的设计与实践为以后内阁制度的出现埋下了伏笔，为内阁日后发展成为事实上的行政中枢提供了可能性。

明成祖即位之后，一方面不敢违反朱元璋所立的不得设立丞相的规定，另一方面又不愿因亲自处理繁重的政务而累得精疲力尽，于是，特简解缙、胡广、杨荣、杨士奇、胡俨、金幼孜、黄淮等七位年轻有为之士入直文渊阁，参与机务，因"授餐大内，常侍天子殿阁之下"①，所以称为"内阁"，内阁制度开始形成。史载：

（永乐时期内阁）不置官署，不得专制诸司。诸司奏事，亦不得相关白。②

——《明史·职官一》

这一时期，虽有内阁之名，但大学士们还只是皇帝的机要秘书，并没有执掌中枢决策权力，他们可以参与机务，但六部诸司有事无须向阁臣"关白"，而是直接向皇帝奏闻，内阁学士的品秩依然很低，一直都没有超过正五品。内阁地位处于六部之下。"此时的内阁还不算是一个衙门，而仅仅被视为翰林院的内署"③。因此，永乐年间在中枢辅政体制上基本上维持了洪武十三年以来"六卿分理"的格局。明朝实际上的中枢机构是六部。

然而到了仁宗、宣宗时期，内阁的地位开始发生了变化：

大学士以太子经师恩，累加至三孤，望益尊。④

——《明史·职官一》

明仁宗登基后，以杨士奇、杨荣等皆为东宫旧僚，升杨士奇为礼部侍郎兼华盖阁大学士，杨荣为太常卿兼谨身殿大学士，其后杨士奇等皆迁尚书，且晋少师、少保、少傅三孤之官，"然大学士官仍为五品，杨

---

① ［清］张廷玉等：《明史》卷七十二《志第四十八》，北京：中华书局，1974年，第1732页。

② 同上书，第1734页。

③ 齐涛主编：《中国通史教程（古代卷）》，济南：山东大学出版社，2004年，第383页。

④ ［清］张廷玉等：《明史》卷七十二《志第四十八》，北京：中华书局，1974年，第1729页。

士奇等虽在内阁，而必以师保、尚书为尊。是后阁臣必加尚书与三孤官遂成制度，唯仍管理阁务，并不参预部事"①，阁职地位大为提高。更为重要的是，仁、宣时期开始，中外章奏可以由大学士先用小票墨书贴于疏面进呈皇帝，当时被称为"条旨"，亦即"票拟"。但那时，票拟还未形成制度，遇重大政事仍命大臣面议。

明英宗即位后，明朝开始进入中后期，内阁制度也发生重大变化。"先是明成祖以来，皇帝退朝后，必与阁臣面议大事，外臣不得与闻；宣宗时，虽有条旨，而面议仍行不废。迨英宗以九岁冲龄即位，太皇太后张氏为避干政之嫌，面议之事于是渐疏。此后皇帝往往深居宫中，藉票拟、朱批与阁臣交通"②，票拟制度形成，内阁制度基本定型。明朝中后期的历代皇帝，大多荒怠懒惰或宠信宦官，有的20多年不上朝，国家的日常事务只能推给内阁办理。于是，内阁的地位进一步提高：

至仁宗而后，诸大学士历晋尚书、保、傅，品位尊崇，地居近密，（至英宗以后）而纶言（指皇帝的诏书、制令等）批答，裁决机宜，悉由票拟，阁权之重偃然汉、唐宰辅，特（只不过）不居丞相名耳。③

——《明史·宰辅年表一》

自（明代宗）后……六部承奉意旨，靡所不领，而阁权益重。……嘉靖以后，朝位班次，俱列六部之上。④

——《明史·职官一》

自嘉靖（明世宗）至万历（明神宗）初，是内阁地位巩固与全面发展时期。阁臣不仅"朝位班次，俱列六部之上"，而且还出现了像张璁、夏言、严嵩、高拱、张居正等一批权倾于朝的首辅。以严嵩和张居正为例：

严嵩任阁职二十一年：

① 郑钦仁主编：《中国古代制度略论》，合肥：黄山书社，2012年，第66页。
② 同上书，第67页。
③ ［清］张廷玉等：《明史》卷一百九《表第十》，北京：中华书局，1974年，第3305页。
④ ［清］张廷玉等：《明史》卷七十二《志第四十八》，北京：中华书局，1974年，第1734页。

铨司（吏部）黜陟，本兵（兵部）用舍，莫不承（嵩）意指。①

——《明史·赵锦传》

凡府部题覆，先面白（嵩）而后草奏。百官请命，奔走直房（严嵩在内阁的朝房）如市。②

——《明史·杨继盛传》

万历首辅张居正，任阁职十六年：

明制，六部分莅天下事，内阁不得侵。至严嵩，始阴挠部权。迨张居正时，部权尽归内阁，递巡请事如属吏，祖制由此变。③

——《明史·杨巍传》

当是时，政事一决居正。居正无所推让，视同列蔑如也。④

——《明史·张四维传》

需要指出的是，上述内阁首辅掌权柄时，除有议政权外，还掌握了指挥六部、百官的权力，所握大权与历史上的宰相相同，权力很大，被比喻为宰相符合历史实际。但他们权力的取得并非来自制度化，而是由于皇帝的一时宠信，且大多没有好的下场。条件一变，此权便被指责为：

上窃君上之威灵，下侵六曹之职掌。

——《明神宗实录》卷五百一

严嵩倒台，徐阶接任首辅时，立即表示：

以威福还主上，以政务还诸司（主要指六部）。⑤

——《明史·徐阶传》

张居正死后，在万历朝后期担任内阁首辅的叶向高也说：

我朝阁臣，只备论思顾问之职，原非宰相。……臣备员六年，百凡皆奉，圣断分毫不敢欺负，部务尽听主者，分毫不敢与闻。

——《明神宗实录》卷五百一

① [清] 张廷玉等：《明史》卷二百十《列传第九十八》，北京：中华书局，1974年，第5560页。
② [清] 张廷玉等：《明史》卷二百九《列传第九十七》，北京：中华书局，1974年，第5538页。
③ [清] 张廷玉等：《明史》卷二百二十五《列传第一百十三》，北京：中华书局，1974年，第5917页。
④ [清] 张廷玉等：《明史》卷二百十九《列传第一百七》，北京：中华书局，1974年，第5770页。
⑤ [清] 张廷玉等：《明史》卷二百十三《列传第一百一》，北京：中华书局，1974年，第5635页。

叶向高甚至断言：

（明太祖）罢中书省，分置六部，是明以六部为相也。①

————《明经世文编·苍霞正续集》

张居正之后的内阁日趋衰弱，权势有所下降。叶向高任首辅时，内阁已呈现冷清局面。而"自万历二十年（1592）起，内阁经常出现'独相'的局面，甚至'阁中无人'"②。万历中后期的内阁实际上已经成了一个空架子，难以发挥正常作用。明熹宗（天启）年间太监魏忠贤干政时期：

虽首辅亦仰其鼻息也。③

————《廿二史札记校证》

到了崇祯帝继位后，他对阁臣大多持不信任态度，不仅频繁更换，甚至用"拈阄"之法选拔阁臣。很快，内阁制度和明王朝一起走到了尽头。

通过考察明朝内阁制度形成与发展的过程，我们可以看到，自内阁形成后，内阁大学士逐渐由"备顾问"发展为拥有票拟权并制度化，因而实际掌握了议政权，而且"和过去翰林学士等的'备顾问'不同，这一议政权（明英宗以后一般都是间接议政权）是主动、稳定、全面的"④；官职为正五品的内阁大学士由于在大学士上加封三孤、尚书等职，逐渐"位列六部之上"，拥有很高的政治地位；内阁由刚成立时的"诸司（主要指六部）奏事，亦不得相关白（内阁）"到明中后期"六部承奉（内阁）意旨，靡所不领"，六部尚书有事请示内阁，内阁无异于明初的中书省，六部实际成为内阁的衙署；明朝中后期的内阁首辅中曾出现过一些权臣，不仅参与决策，甚至指挥六部，权倾朝野，与历史

① ［明］陈子龙：《明经世文编》卷四六一《苍霞正续集》，北京：中华书局，1962 年，第 5051 页。
② 杜志明：《明代内阁制度的宰相化及其终结》，《理论界》2011 年第 8 期。
③ ［清］赵翼：《廿二史札记校证》，王树民校证，北京：中华书局，1984 年，第 769 页。
④ 祝宗斌：《试论明代内阁制度的非宰相性质——兼略说明代以前秘书咨询官员权力的特点》，《文史》2002 年第 3 辑。

上的宰相无异。因此，统编高中历史教材中"内阁逐渐成为事实上的行政中枢"与"明朝中后期，有的大学士深得皇帝信任，权力很大，被比喻为宰相"的论述符合历史实际，是公允的。

同时我们也需要看到，自万历初年张居正卸任内阁首辅之后，内阁地位逐渐下降，内阁再无权倾朝野的首辅产生。内阁制度自产生到灭亡，实际上一直处于调整和变化之中。

行文至此，统编高中历史教材关于明朝内阁的表述应该得到了基本的解释，但仍有一个关键问题没有解决，内阁大学士是不是"宰相"？即内阁制度是不是宰相制度？

五、由来已久的争议

据文献资料记载，内阁大学士被称为宰相，最早是在明英宗时期：

(明英宗时) 迨徐武功 (有贞)、李文达 (贤) 掌文渊阁事，始以政府视之，人亦称为宰相矣。①

——《双槐岁钞》

此后，肯定与否定，两种意见一直存在。例如：

(嘉靖年间，曾任吏部尚书的何孟春说)"我朝之有内阁，犹前代之有中书省也。……宋人谓事不由中书，即乱世之法，臣以今较之，政宜常在内阁，事不可不由内阁。"②

——《明经世文编·何文简奏疏》

(嘉靖年间的王世贞说) 百余年来，天子不独断，必有所寄，不能不归之内阁而至嘉靖中，遂操丞相之柄而出其上。③

——《明经世文编·王弇州文集二》

(隆庆年间的言官骆问礼说) 道路无知之人，且直以宰相目之矣，

① [明] 黄瑜：《双槐岁钞》卷第四，北京：中华书局，1999 年，第 66 页。
② [明] 陈子龙：《明经世文编》卷一二七《何文简奏疏》，北京：中华书局，1962 年，第 1218 页。
③ [明] 陈子龙：《明经世文编》卷三三三《王弇州文集二》，北京：中华书局，1962 年，第 3571 页。

不知大学士非宰相也。①

——《明经世文编·万一楼集》

更有意思的是：

明神宗（万历皇帝）称阁臣叶向高为"宰相"，而叶向高却一再上疏，力辩阁臣非宰相，权力"与前代之宰相绝不相同"，等于否认自己是宰相。②

——《试论明代内阁制度的非宰相性质——兼略说明代以前秘书咨询官员权力的特点》

崇祯年间，内阁大臣们自己定位：

昭代本无相名，吾侪止供票拟。上委之圣裁，下委之六部。③

——《明史·冯元飙传》

对内阁制度是不是宰相制度的看法产生分歧是正常的，因为内阁制度是在宰相制度被废除后出现的新的辅政制度，与过去的宰相制度既有相似性又有区别，而且至明朝结束，内阁制度不断处于调整和变化之中。

从历史上看，关于内阁大学士是不是宰相的争论始于明英宗时期，而明英宗时期恰是内阁制度发展的一个关键时期——票拟制度形成，内阁制度基本定型。此后，借票拟制度，内阁大学士有了主动、稳定、全面的议政权；并且，明朝中后期的内阁首辅中确实也曾产生过权臣，一度掌握过指挥六部之权，兼有了历史上宰相的两大权力——议政权和执行权，与历史上的宰相无异。因此，将内阁大学士视为"宰相"，将内阁制度视为宰相制度似乎也有道理。

但是，更重要的是：

1. 从内阁制度的稳定性、规定性来看

内阁制度定型的突出标志就是内阁拥有了制度化的票拟权。从这个

① ［明］陈子龙：《明经世文编》卷四七〇《万一楼集》，北京：中华书局，第5168页。
② 祝宗斌：《试论明代内阁制度的非宰相性质——兼略说明代以前秘书咨询官员权力的特点》，《文史》2002年第3辑。
③ ［清］张廷玉等：《明史》卷二五七《列传第一百四十五》，北京：中华书局，1974年，第6640页。

方面看，内阁大学士属于历史上的"内相"，而且超过了历史上的"内相"。但"内相"权力再大，终究不是宰相。

在明朝内阁制度形成之初至明朝灭亡，内阁在制度方面并没有获得行政权，虽然其间有个别内阁首辅由于特殊条件曾指挥、干预过六部事务，但并非内阁制度使然，一旦这些特殊条件不存在了，这种情况随之消失。

另外，"直到明末，内阁在制度上一直文属翰林院"①。万历年间重修的《大明会典》中的"文职衙门"下竟然没有专列"内阁"这一机构，仅在"翰林院"（翰林院只是正五品衙门）中予以介绍，并且规定：

（内阁除密奏皇帝的文书外）其余公务行移各衙门，皆用翰林院印。

——《大明会典》卷二百二十一

明朝末年以记载典章制度丰富翔实著称的《万历野获编》可提供佐证：

内阁……至今……凡文移俱以翰林院印行之。②

——《万历野获编·词林》

自内阁制度基本定型至明朝灭亡，中间虽有个别内阁大学士由于一些特殊原因出现过侵夺部权（掌握行政执行权）的现象，但毕竟不是内阁制度使然，在内阁形成之初和明朝后期没有发生过这种现象。内阁掌票拟权，内阁大学士若不加尚书、三孤等衔始终是正五品，内阁文属翰林院等，才是稳定不变的制度。因此，从制度层面分析，内阁大学士承担的就是历史上"内相"的职责，绝不可认为是真"宰相"。

2. 从历史上专权现象产生的根源上分析

秦朝确立了皇帝制度，其主要特点就是皇权至高无上与皇位世袭。历史上虽然有过杰出帝王，但毕竟是少数。因此在皇帝制度内，潜伏着

---

① 祝宗斌：《试论明代内阁制度的非宰相性质——兼略说明代以前秘书咨询官员权力的特点》，《文史》2002年第3辑。

② [明]沈德符：《万历野获编》卷十《词林》，北京：中华书局，1959年，第251页。

皇权旁落的制度性因素。历史上由于皇帝平庸、疾病、年幼、荒唐等因素而出现的外戚、宦官、近臣等专权现象时有发生，而且这些专权的外戚、宦官、近臣等大多掌握了决策权和执行权，一度与历史上的宰相相当，但在历史上似乎也从来没有人将这一现象下的外戚、宦官、近臣（宰相除外）等真正视作"宰相"。上述专权现象是"天子传子"的皇帝制度导致的结果，内阁大学士中一度出现所谓"权相"，也应作如是观。

其实，明人就有此识者，例如做过地方二品大员的谢肇淛说：

> 票拟不过幕宾记室之任，可否取自朝廷，何权之有？而其后如分宜（严嵩）、江陵（张居正）之为者，如猾吏之市权，窃之也，非真权也。①
>
> ——《五杂俎·事部二》

明朝中后期的皇帝大多懒政、怠政、荒唐，这就为一些内阁大学士或宦官专权提供了条件：

> 宪宗在位二十三年，仅召见大臣一次，武宗在位十六年，从未召见过群臣，世宗、神宗在位四十余年中，有二十余年不理朝政。这些行为完全违背了太祖欲牢牢控制政局的初衷，其后果是阁臣权重和宦官专权成为明中叶后的政治特点。②
>
> ——《中国古代行政制度史》

六、几点结论

结合上述分析，我们可以这样理解：

1. 明朝废除宰相制度，指的是废除了具有议政权和执行权的中央辅政制度——宰相制度。但中央辅政制度由于皇帝制度的存在而不可能废除，新的辅政制度不可避免地会产生，内阁制度就是新出现的辅政制度。

2. 明朝内阁制度产生后，由于握有"票拟"权，内阁在明朝中期以后主动、稳定、全面地掌握了议政权，而且地位日益超过六部，因而逐

---

① ［明］谢肇淛：《五杂俎》卷十四《事部二》，上海：上海书店出版社，2001年，第282页。
② 李孔怀：《中国古代行政制度史》，上海：复旦大学出版社，2006年，第100页。

渐成为实际上的中枢机构。

3. 明朝前期，内阁整体处于"备顾问"的地位，且"位卑权微"，时人乃至今人从不把此时的内阁大学士称为"宰相"；明朝中期以后，内阁通过票拟掌握了议政权，而这种权力本就是历史上宰相的权力之一，因此从明朝中期起，内阁大学士是或不是"宰相"的不同看法开始出现。

4. 明朝中后期，的确出现过内阁大学士（尤其是内阁首辅）权倾一时的现象，而且持续时间较长，内阁乃至六部为代表的官僚集团一度皆听命于内阁首辅，此时的内阁首辅已与历史上的宰相无异，因此被比喻为"宰相"也符合当时的历史实际。

5. 张居正之后的内阁地位每况愈下，内阁首辅再也没有恢复至"宰相"的程度，内阁制度面临新的调整。到明朝末年，这种调整随着明王朝的灭亡而结束。

6. 终明之世，内阁大学士一职始终为正五品，内阁文属翰林院。

总体上讲，明朝在废除了宰相制度后，逐渐摸索着建立了内阁制度。透过明朝内阁制度发展过程中的种种现象，我们深入本质来看，将其视为逐渐制度化地掌握了议政权的皇帝机要秘书机构更为恰当。内阁大学士应为历史上的"内相"，甚至远超"内相"，但终究不是宰相；内阁制度虽与历史上的宰相制度有相似之处，但终究不是宰相制度。